5回おったら完成!

へんしんおりがみ

監修　お茶の水 おりがみ会館 館長　小林一夫

朝日新聞出版

1つの作品がべつの作品に

この本は、１枚のおりがみを５回おっただけでできる
かんたんな作品ばかりを集めました。
作品のむきをかえたり、さらにおったりすると、
べつの作品に大へんしん！
例えば、「せみ」の羽だったところが、さかさまにすると
「おに」の角にかわったり、「ねずみ」のしっぽをおると、
「とり」のくちばしにへんしんしたりします。
親子や友だちどうしで、「何の形に見えるかな？」
「どうすればへんしんできるかな？」などと会話を
楽しみながら、さまざまな力を
身につけてもらえれば幸いです。

お茶の水 おりがみ会館 館長　小林一夫

せみを
さかさまにすると…
おににへんしん！

3つの力がつく！

1. おりがみをおって実際に作品をつくることで、手を動かして考える力がつきます。

2. できた形のむきやおりかたをかえてべつのものに見えないか考えることで、発想力がきたえられます。

3. 三角形や四角形をくり返しおることで、図形のイメージが自然と頭に入り、算数の基礎力が身につきます。

びっくり大へんしん！

わたしが
まほうをかけて
へんしんさせちゃうよ！

まほうつかいの
女の子と
あいぼうのねこ

かんたんおりがみ

本書では一般的な15cm四方のおりがみで、はさみを使わずに5回以内でおれる105の作品を紹介しています。なお、1つの工程を1回として数えています。

英語の名前つき

発音のカナ表記つきで英語も学ぶことができます。カナ表記については、おもに『ニューホライズン英和辞典（第7版）』（東京書籍）をもとにしています。太字は強く発音し、日本語にない音はひらがなで示しています。

作品のへんしん

作品を回転させたりさらにおったりして、べつの作品にへんしんする方法を写真つきで紹介しています。作品をへんしんさせることで、発想力をみがくことができます。

楽しいテーマ別

「もう1回おってへんしん！」「がったいでへんしん！」など、へんしんの方法別に全部で4つのテーマで展開しています。

もの知りクイズ

紹介作品にまつわるクイズを3択で出題しています。おりがみをやりながら親子で一緒にクイズを出し合えば、生き物、科学、社会などへの関心がどんどん広がります。

わかりやすい写真

折り図をわかりやすくするために、工程写真は二色両面おりがみで紹介しています。
実際におるときは、好きなおりがみでおりましょう。

完成イメージ

作品がおれたら、クレヨンや色鉛筆を使って、イラストを参考におえかきしてみましょう。できた形に自由な発想でおえかきしてみてもよいでしょう。

ほかにも…

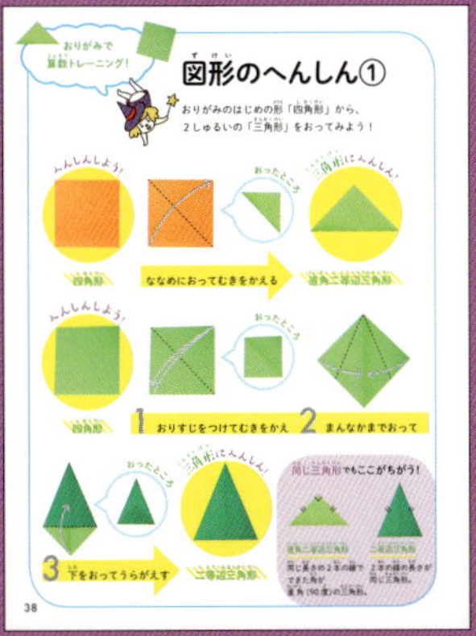

算数の図形コラム

小学校の算数で習う基本の図形を、おりがみで楽しく学習します。おりがみで実際におることで図形の感覚をつかみ、算数脳をきたえます。

もくじ

作品《さくひん》をつくったら
▢にチェックを入《い》れてね！

むきをかえてへんしん！

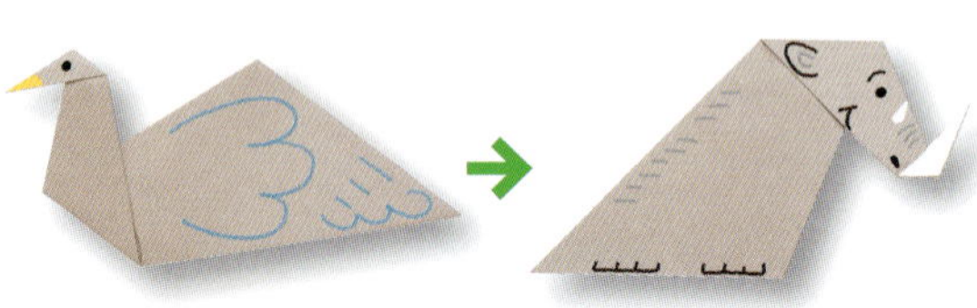

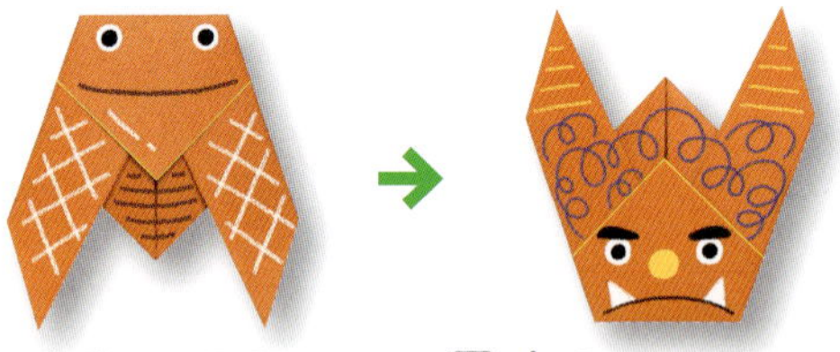

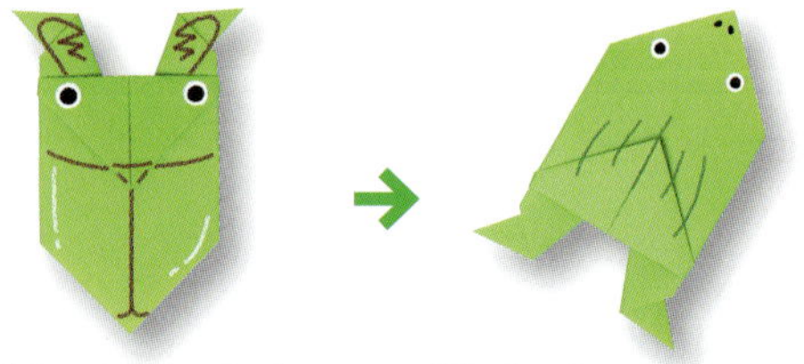

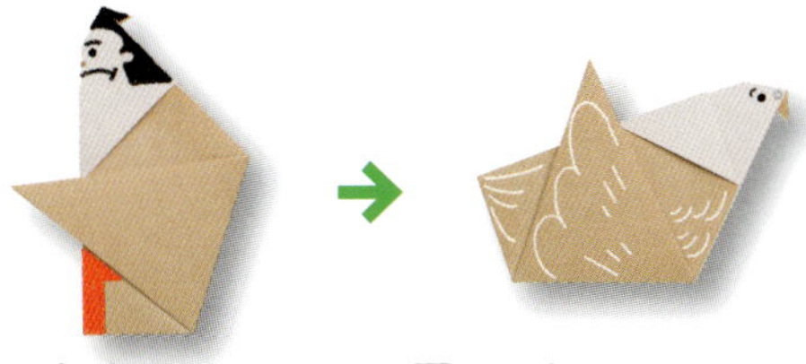

もう1回《かい》おってへんしん！

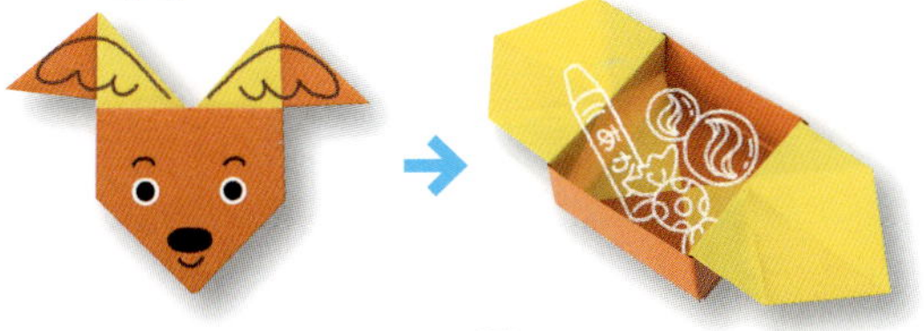

おはな

れんぞくでへんしん！

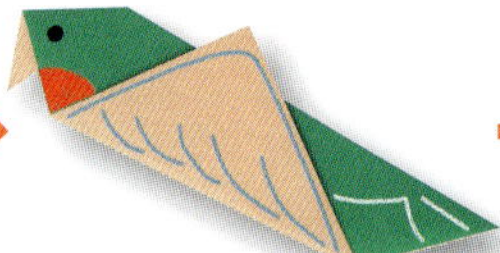

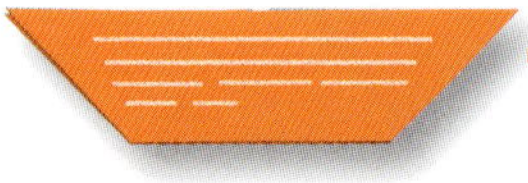

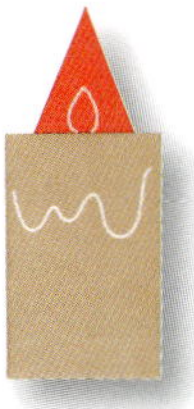

がったいでへんしん！

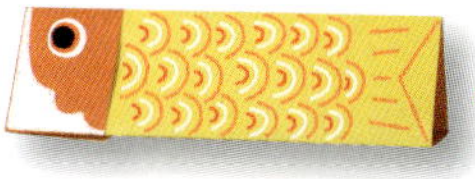

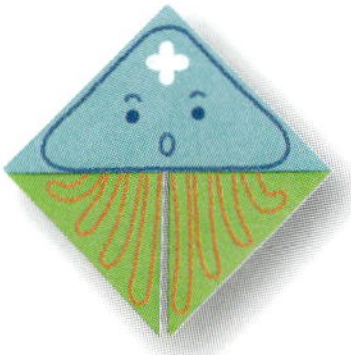

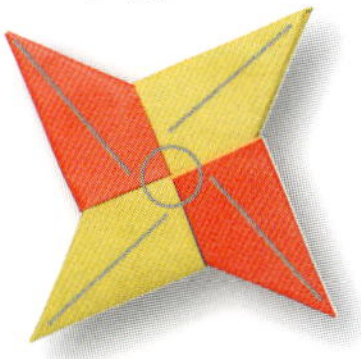

きほんのおりかた

この本《ほん》に出《で》てくるおりかたをしょうかいします。

谷《たに》おり

● 谷《たに》おり線《せん》

線《せん》がなかに
かくれるようにおる

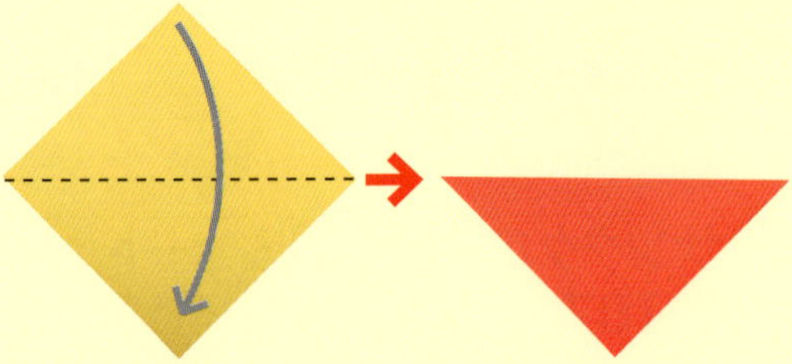

山《やま》おり

● 山《やま》おり線《せん》

線《せん》が外《そと》に
出《で》るようにおる

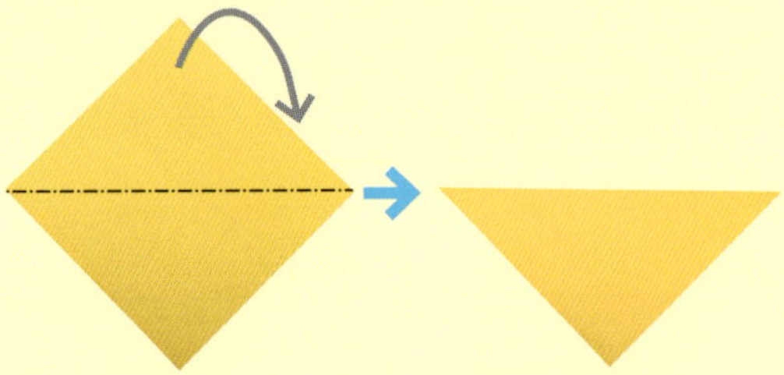

おりすじをつける

1回《かい》おってからひらく

1回《かい》おったところ

同《おな》じ長《なが》さにする

だんおり

谷《たに》おりと山《やま》おりを
こうごにおる

1回《かい》おったところ

まきおり

谷《たに》おりをくりかえす

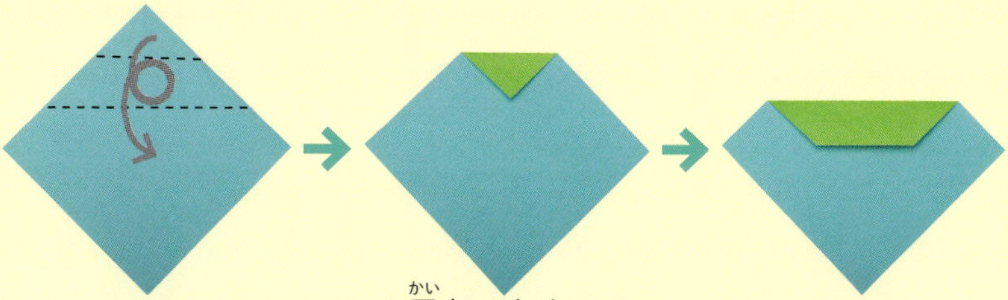

1回《かい》おったところ

さしこむ

かみの下《した》に入《い》れる

さしこんでいるところ

ひらいて つぶす

なかにゆびを入《い》れて
ひらく

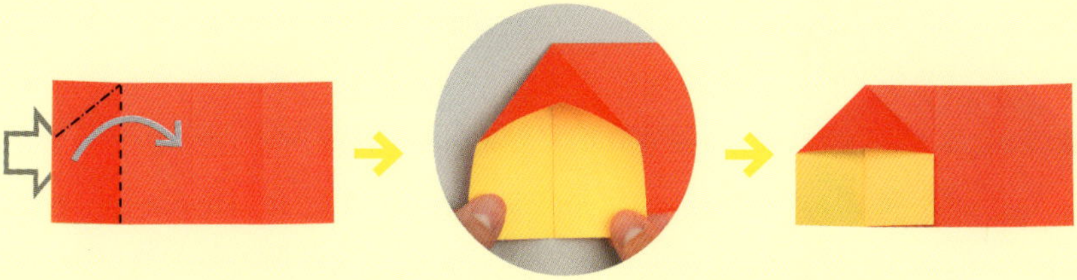

ひらいているところ

なかわりおり

おりすじをつけてからひらき、角《かど》をなかに入《い》れるようにしておる

角《かど》をなかに入《い》れているところ

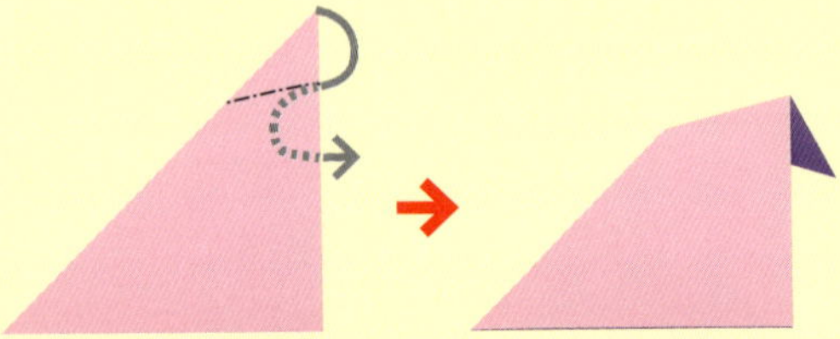

かぶせおり

おりすじをつけてからひらき、外《そと》がわにかぶせるようにしておる

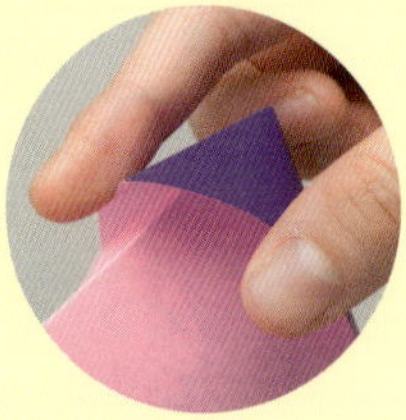

外《そと》がわにかぶせているところ

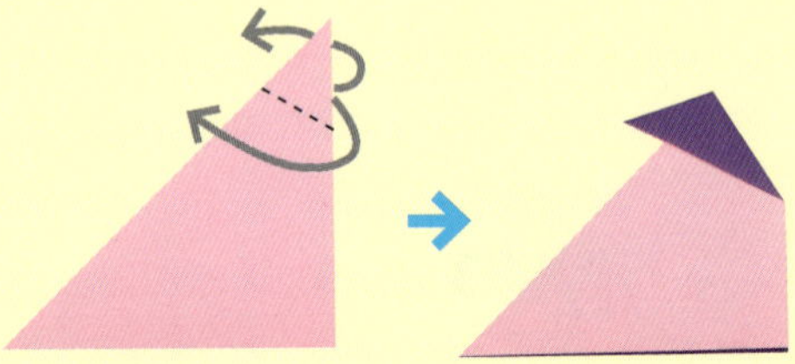

四角《しかく》おり

おりすじをつけてたたむ

たたんでいるところ

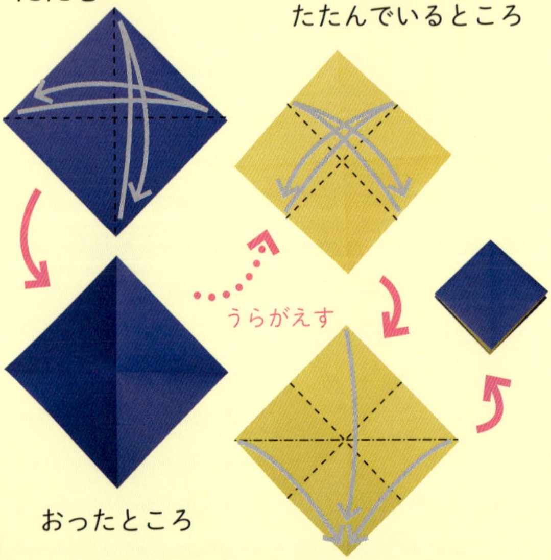

三角《さんかく》おり

おりすじをつけてたたむ

たたんでいるところ

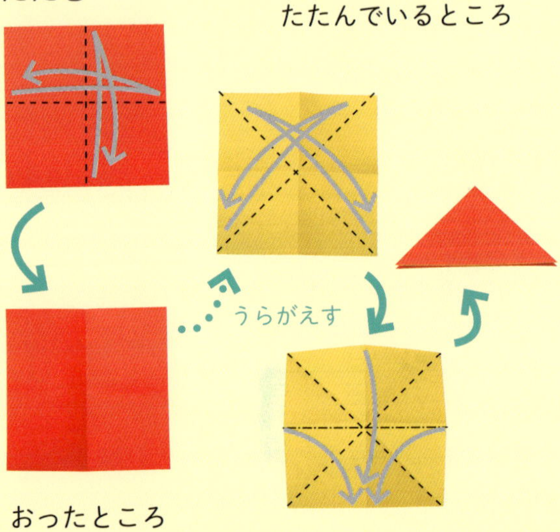

さかさまやよこむきにすると
あらふしぎ！
べつの作品《さくひん》に
へんしんするよ！

1つできたら2作品《さくひん》！

むきをかえてへんしん！

みずとり

水鳥

water bird

［ウォータ バ〜ド］

おってみよう！

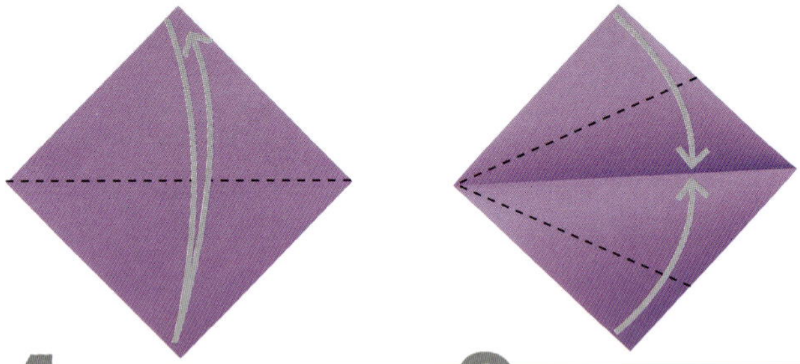

1 おりすじをつけて　2 まんなかまでおる

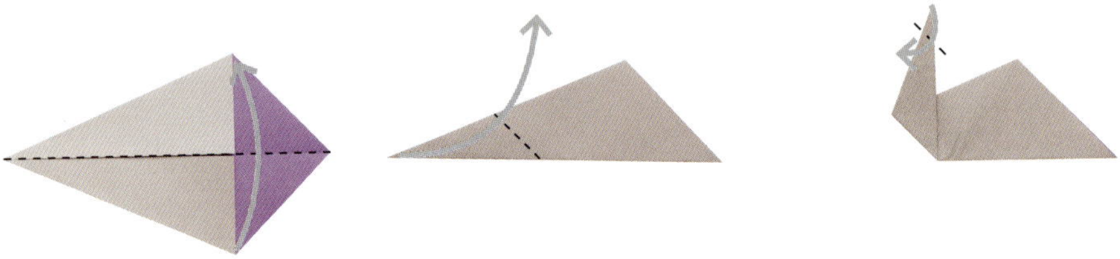

3 半分《はんぶん》におって　4 ななめに1回《かい》　5 2回《かい》おる

ふわふわの毛《け》に
おおわれているよ
できた！

むきをかえてへんしん!

さかさまにすると…

大《おお》きな角《つの》がとくちょうだよ

さい

犀　rhinoceros　[ライナセラス]

もの知《し》りクイズ

さいの角《つの》は何《なに》でできている？

①ほね　②は　③毛《け》

答《こた》え　③

トイプードル toy poodle
［トイ プードゥる］

おってみよう！

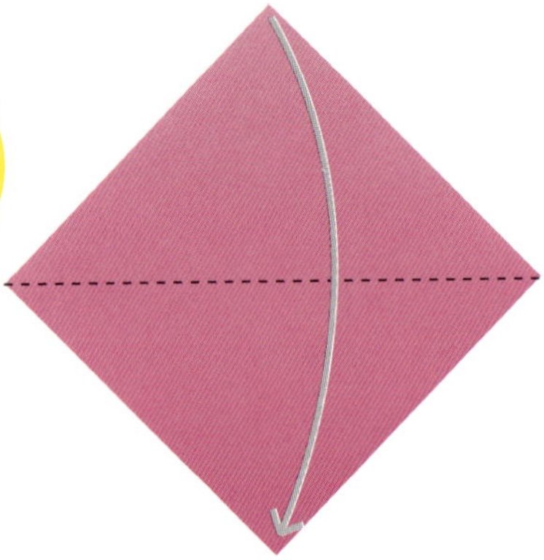

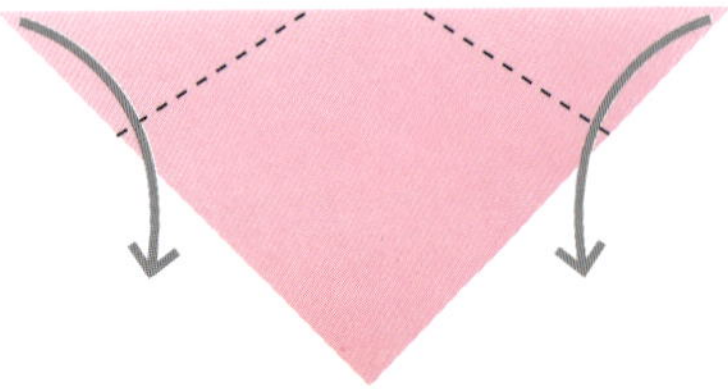

1 半分《はんぶん》におって

2 左右《さゆう》をおる

できた！

くるくるとしたまき毛《げ》と
大《おお》きな目《め》がかわいいね

むきをかえてへんしん!

へんしんしよう!

さかさまにすると…

チューリップにへんしん!

チューリップ

tulip ［テューリップ］

春《はる》に赤《あか》やピンクの花《はな》をさかせるよ

もの知《し》りクイズ

さいたばかりのチューリップの花《はな》は、夜《よる》になるとどうなる?

①ひらく ②とじる ③かれる

答《こた》え ②

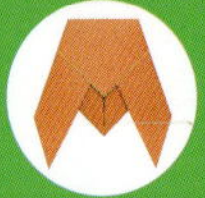

せみ

蝉

cicada

［スィケイダ］

おってみよう!

1 半分《はんぶん》におって　2 左右《さゆう》を合《あ》わせて

おったところ
おったところ

3 ななめにひらく　4 角《かど》をおってうらがえし　5 ななめにおってうらがえす

ミーン
ミーン
できた!

オスがメスを

よんで鳴《な》くよ

へんしんしよう!

さかさまに
すると…

2本《ほん》の角《つの》と
きばがあるよ

おにに
へんしん!

おに

鬼　ogre　［オウガ］

もの知《し》り
クイズ

せみはからだのどこをつかって鳴《な》く?
①口《くち》　②羽《はね》　③おなか

答《こた》え　③

パクパク cootie catcher

［クーティ キぁチャ］

おってみよう!

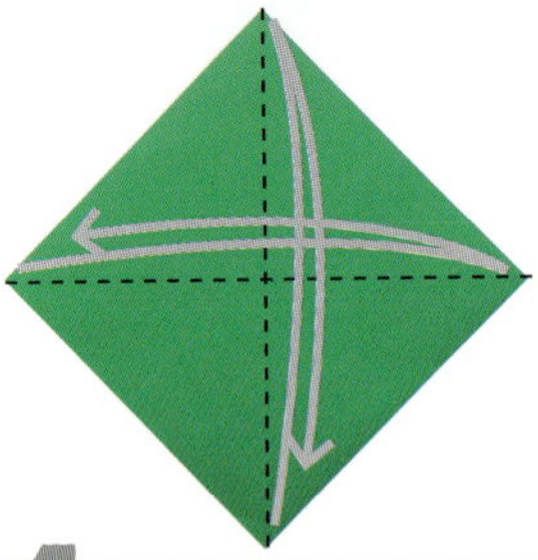

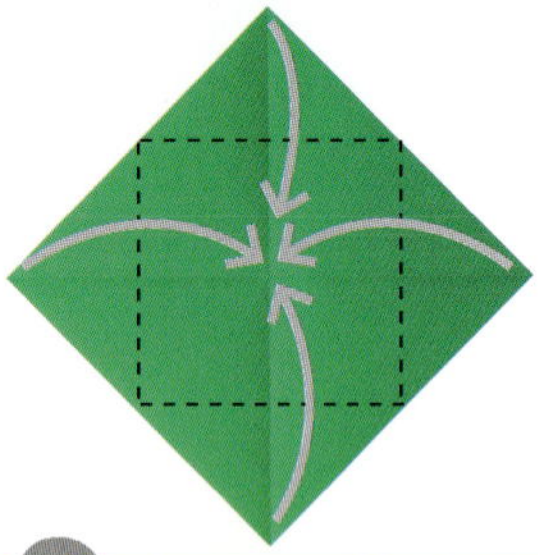

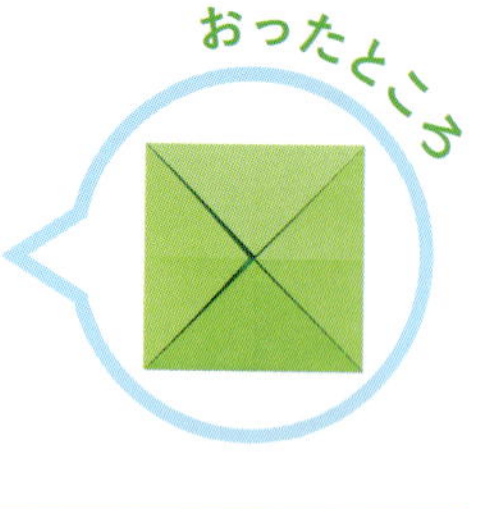
おったところ

1 おりすじをつけて

2 角《かど》をおってうらがえす

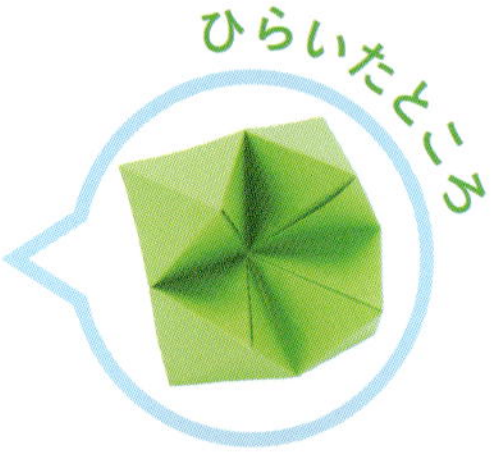
ひらいたところ

3 角《かど》を合《あ》わせて

4 四角《しかく》おりして

5 1まいずつひらく

パク

できた!
パク

ゆびを入《い》れてパクパク

うごかしてあそんでね

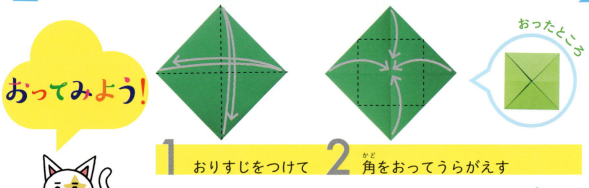

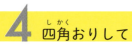

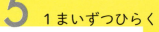

へんしんしよう！

ひっくり
かえすと…

**こものいれに
へんしん！**

小《ちい》さいものを４つに
分《わ》けて入《い》れてね

こものいれ

小物入れ　accessory case　［あクセサリ ケイス］

**もの知《し》り
クイズ**

何《なに》かが足《た》りないと、きんぎょは口《くち》をパクパクさせるよ。何《なに》が足《た》りない？

①空気《くうき》　②光《ひかり》　③ごはん

答《こた》え　①

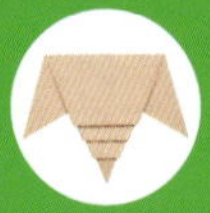

ぞう

象

elephant

［エれふァント］

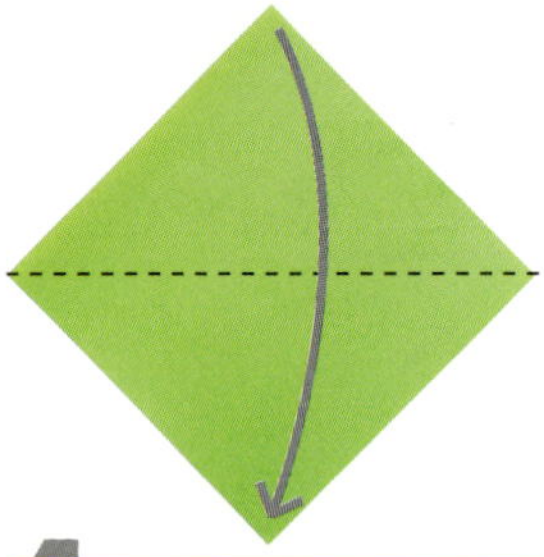

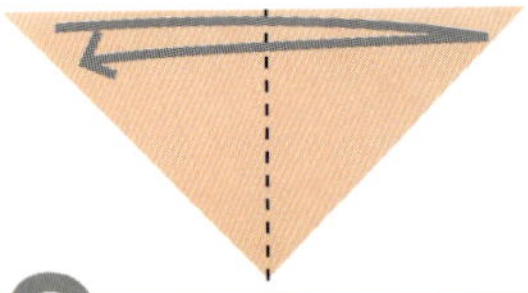

1 半分《はんぶん》におって
2 おりすじをつけて

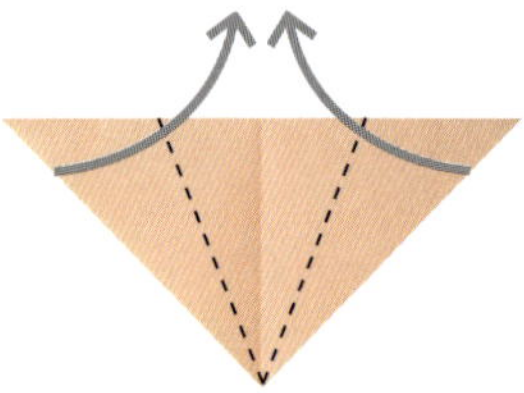

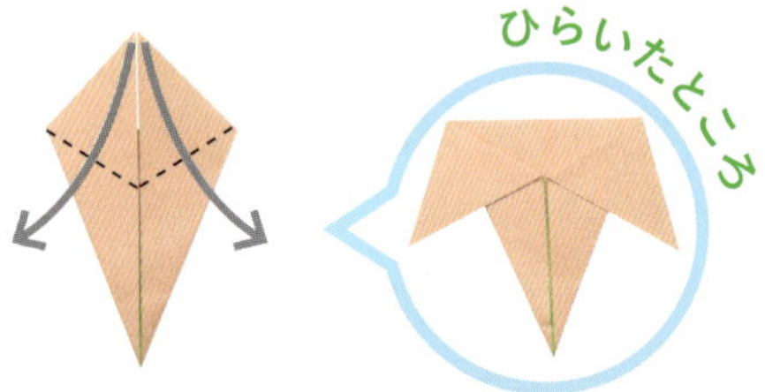

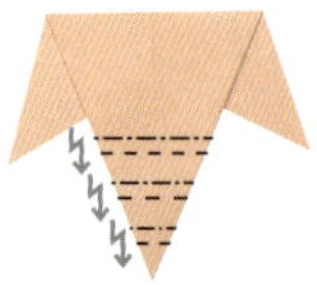

3 まんなかまでおる
4 ななめにひらいてうらがえし
5 だんおりする

できた!

長《なが》いはなと大《おお》きな耳《みみ》が
とくちょうだよ

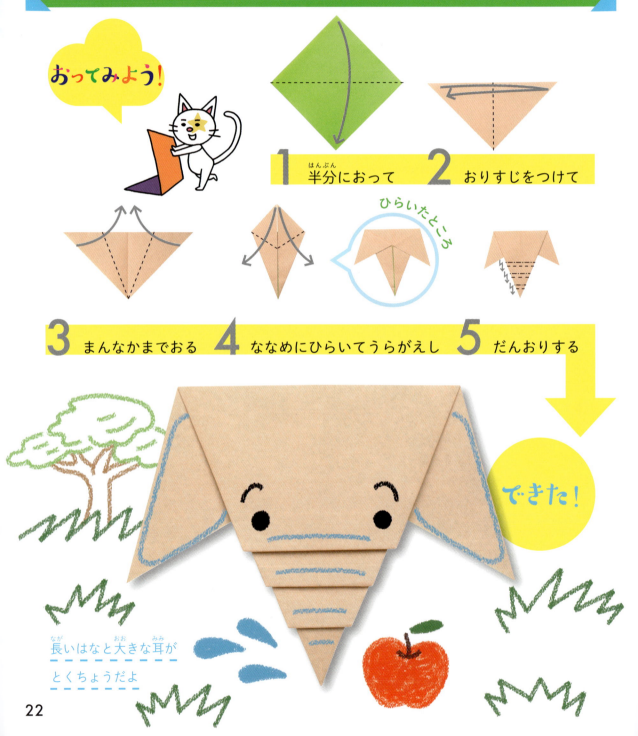

へんしんしよう！

さかさまにすると…

たけのこにへんしん！

たけのこ

筍　bamboo shoot　［バぁンブー シュート］

かたいかわにつつまれた たけのわかいめだよ

もの知《し》り クイズ

ぞうのはなのやくわりでちがうのはどれ？

①ものをつかむ　②水《みず》をすいあげる　③ねつをにがす

答《こた》え ③

おばけ

お化け
ghost
［ゴウスト］

1 おりすじをつけて

2 まんなかまでおる

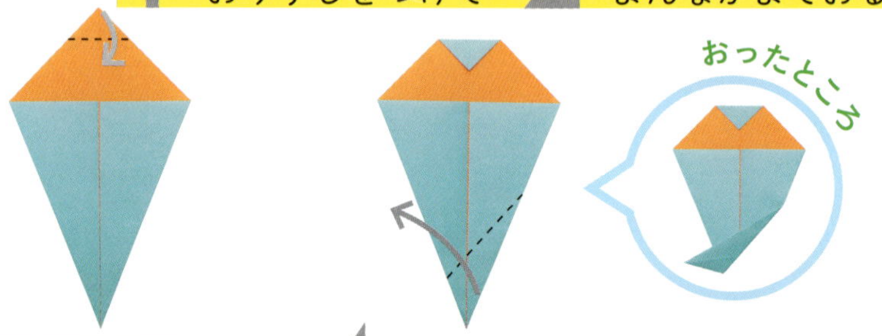

3 上《うえ》をおって

4 下《した》をななめにおってうらがえす

ゆらゆらうごいて
人《ひと》をおどろかせるよ

できた!

むきをかえて へんしん!

へんしんしよう!

よこに
たおすと…

くじらに
へんしん!

いきをはくとき
水《みず》もはき出《だ》すよ

くじら

鯨　whale　[(ホ)ウェイる]

もの知《し》りクイズ

つぎのうち、くじらのなかまでないのはどれ?

①いるか　②シャチ　③ペンギン

答《こた》え　③（ペンギンは、「鳥のなかま」）

うさぎ

兎
rabbit
［ラぁビット］

おってみよう！

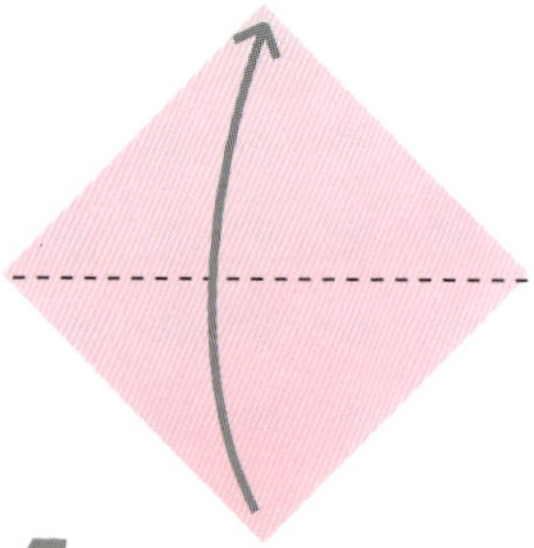

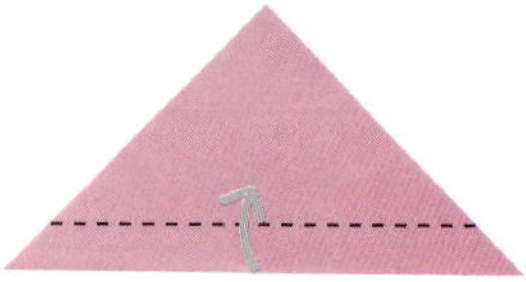

1 半分《はんぶん》におって　2 下《した》を少《すこ》しおる

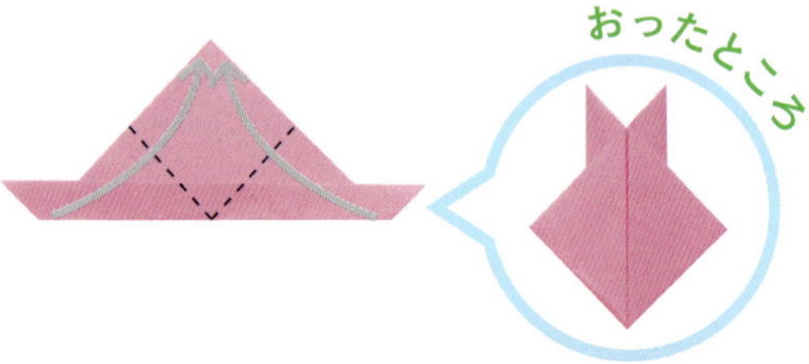

3 左右《さゆう》を合《あ》わせてうらがえし　4 角《かど》をなかにしまう

ぴんと立《た》った耳《みみ》が
とくちょうだよ

できた！

むきをかえて へんしん!

さかさまに
すると…

たこに へんしん!

きゅうばんのついた
8本《ぼん》のうでがあるよ

たこ

蛸　octopus　［アクトパス］

もの知《し》りクイズ

うさぎは走《はし》るとき、耳《みみ》をどうする?

①ねかせる　②ぴんと立《た》てる　③丸《まる》める

答《こた》え　②

くわがたむし

鍬形虫
stag beetle
［スタぁグ ビートゥる］

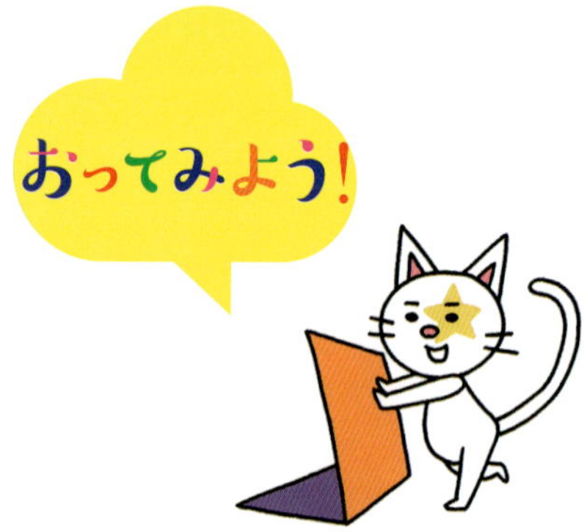

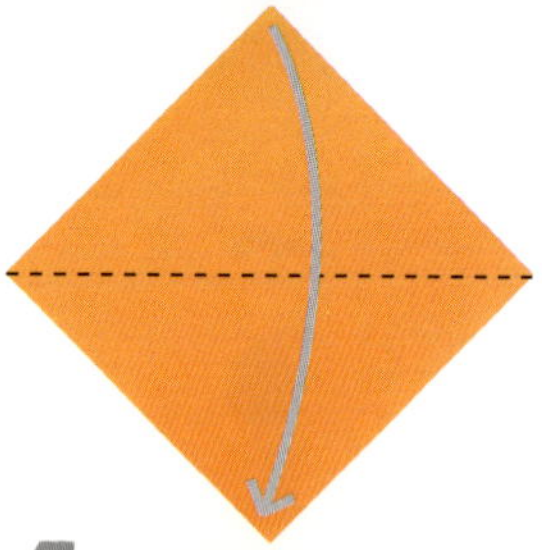

1 半分《はんぶん》におって

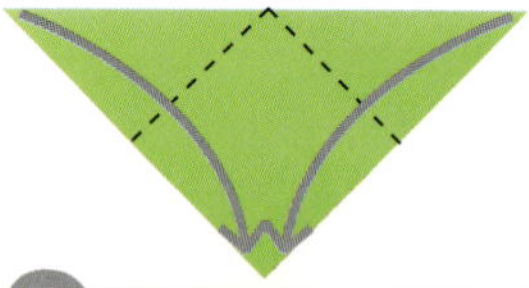

2 左右《さゆう》を合《あ》わせて

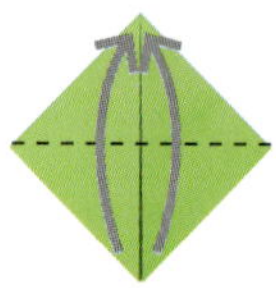

3 1まいめくる

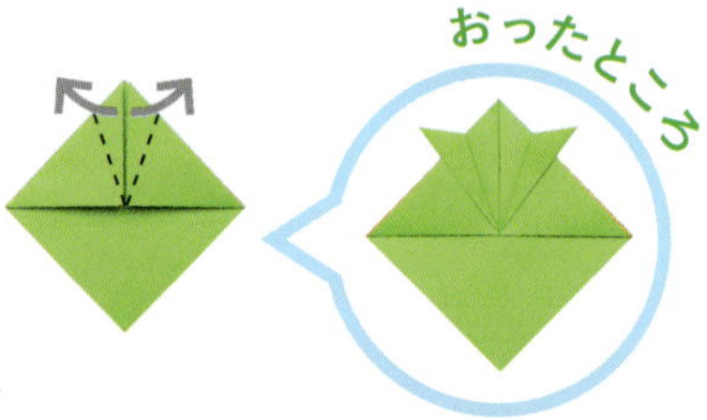

4 ななめにおってうらがえし

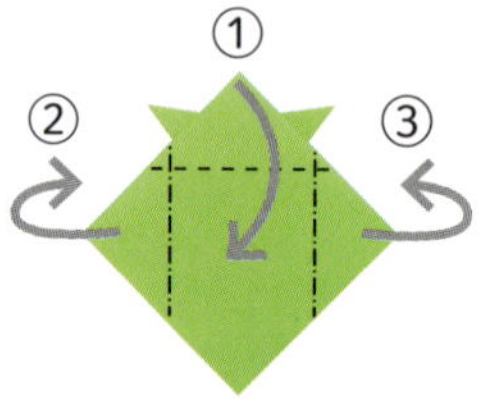

5 角《かど》をじゅんばんにおる

できた！

強《つよ》い力《ちから》であいてを
はさむよ

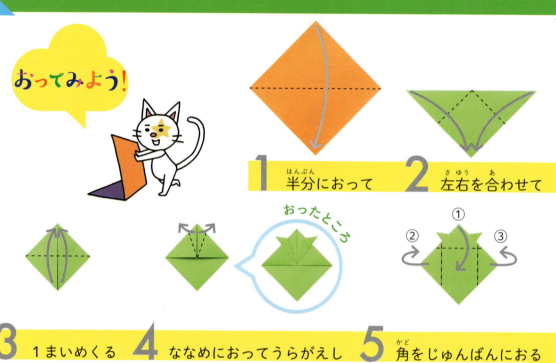

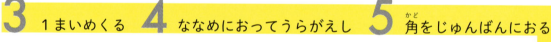

へんしんしよう！

さかさまに
すると…

かえるに
へんしん！

ぴょんぴょん
とびはねるよ

かえる

蛙　frog　［ふラッグ］

もの知《し》りクイズ

くわがたむしの大《おお》きな角《つの》のようなぶぶんを何《なん》という？

①大角《おおつの》　②大《おお》あご　③大《おお》かぶと

答《こた》え　②

おすもうさん

お相撲さん
sumo wrestler
［すーモウ レスら］

おってみよう!

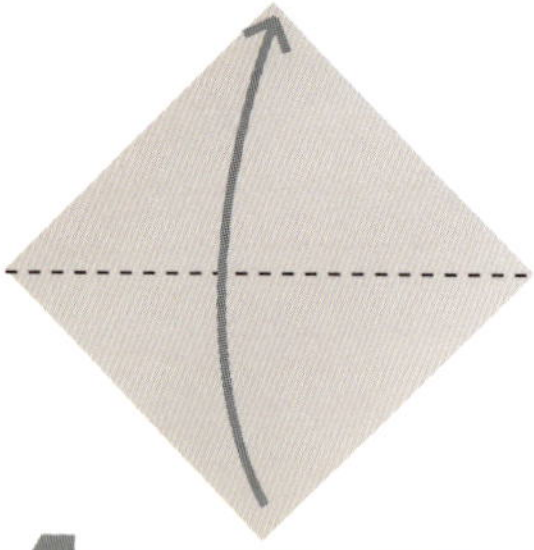

1 半分《はんぶん》におって

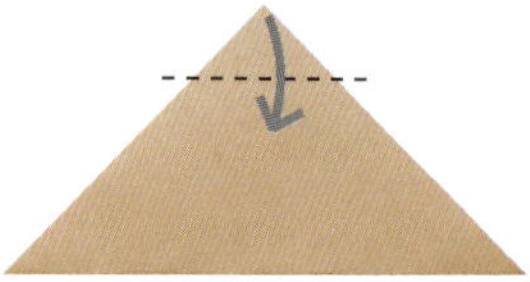

2 1まいめくる

3 半分《はんぶん》におって

うらも
同《おな》じ

4 ななめにおって

5 なかわりおりする

できた!
まわしをつけて
どひょうでたたかうよ

よこに
たおすと…

はとに
へんしん！

はと

鳩　pigeon　［ピヂョン］

くびを前後《ぜんご》に
ふりながら歩《ある》くよ

もの知《し》り
クイズ

おすもうさんがすもうをとる前《まえ》にどひょうにまくのは何《なに》？

①水《みず》　②さとう　③しお

答《こた》え　③

ユーフォー UFO

〔ユーエふオウ〕

おってみよう!

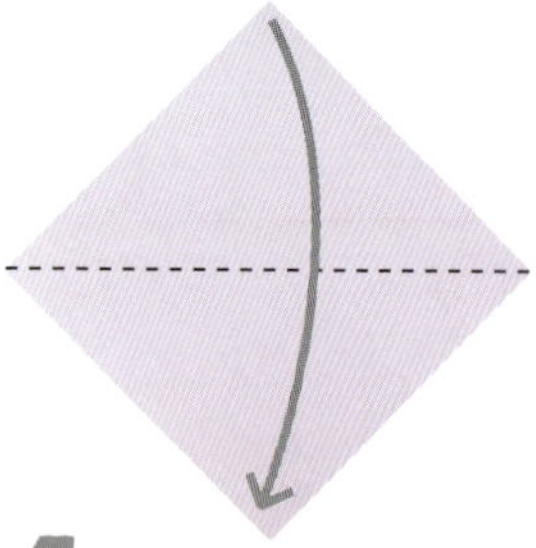

1 半分《はんぶん》におって

うらも
同《おな》じ

2 なかわりおりを1回《かい》

3 2回《かい》する

4 1まいめくる

空《そら》をとぶなぞの
えんばんだよ

できた!

へんしんしよう！

さかさまに
すると…

たぬきに
へんしん！

たぬき

狸　raccoon dog　[ラぁクーン ドーグ]

目《め》のまわりが茶色《ちゃいろ》く
はなの先《さき》がとがっているよ

もの知《し》り クイズ

「たぬきねいり」とは、どういういみ？
①ねたふりをすること　②すぐねること　③ねぼうすること

答《こた》え ①

くり

栗

chestnut

［チェスナット］

おってみよう！

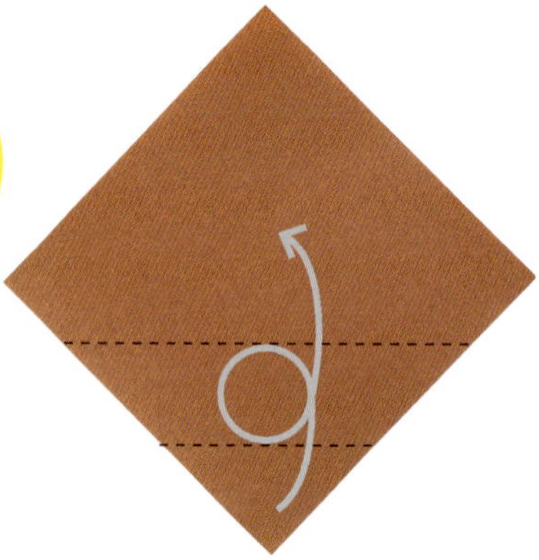

1 まきおりして

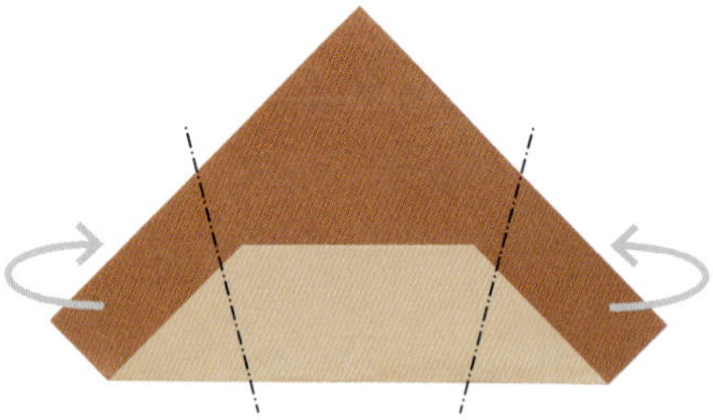

2 左右《さゆう》をおる

できた！

かたいみがとげとげに

つつまれているよ

へんしんしよう！

さかさまに すると…

どんぐりに へんしん！

ぼうしがついている ものもあるね

どんぐり

団栗 acorn ［エイコーン］

もの知《し》り クイズ

くりをつつんでいるとげとげのことを何《なん》という？

①いが ②さが ③しが

答《こた》え ①

ふくろう

梟
owl
［アウる］

おってみよう！

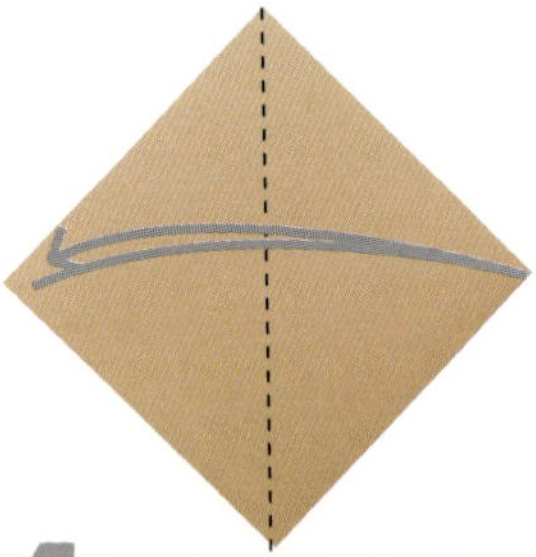

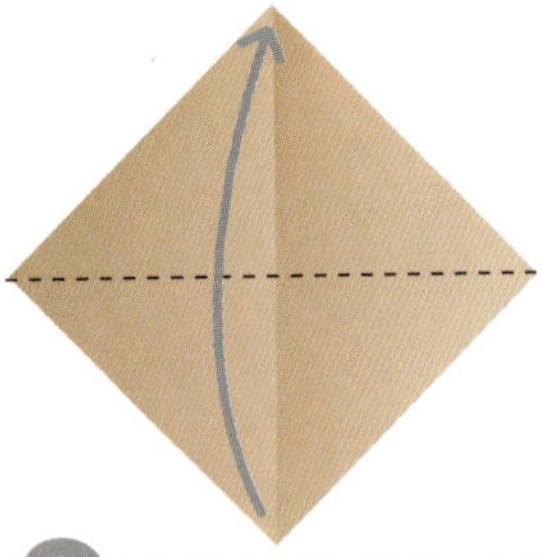

1 おりすじをつけて
2 半分《はんぶん》におり

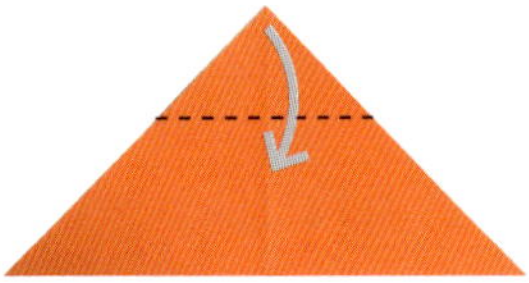

3 1まいめくる
4 ずらしてもう1まいおり
5 左右《さゆう》をおる

できた！

夜《よる》にうごいて
えものを見《み》つけるよ

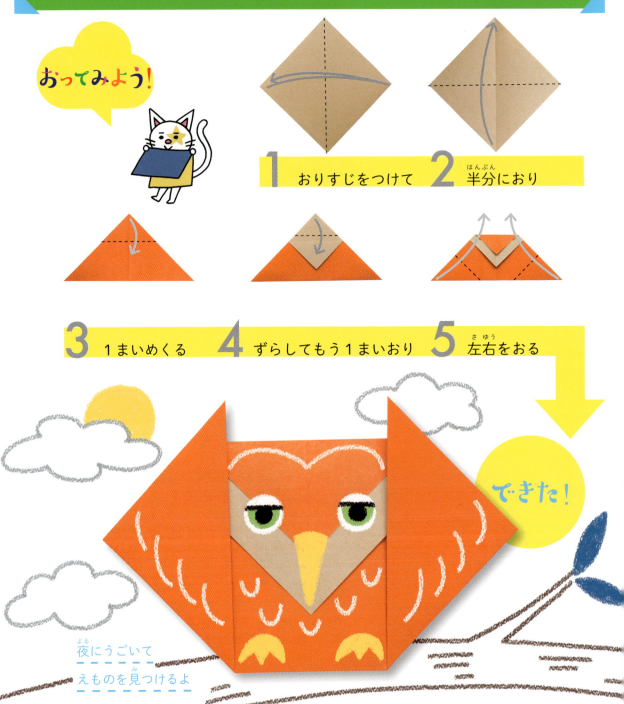

へんしんしよう!

さかさまに すると…

ビーグルに へんしん!

ビーグル

beagle ［ビーグる］

大《おお》きくたれた耳《みみ》が とくちょうだよ

もの知《し》り クイズ

ふくろうのように、夜《よる》かつどうするどうぶつのせいしつを何《なん》という?

①ちゅうこうせい ②こうこうせい ③やこうせい

答《こた》え ③

おりがみで
算数《さんすう》トレーニング！

図《ず》形《けい》のへんしん①

おりがみのはじめの形《かたち》「四《し》角形《かくけい》」から、
2しゅるいの「三角形《さんかくけい》」をおってみよう！

へんしんしよう！
おったところ
三角形《さんかくけい》にへんしん！

四角形《しかくけい》

ななめにおってむきをかえる

直角《ちょっかく》二《に》等辺三角形《とうへんさんかくけい》

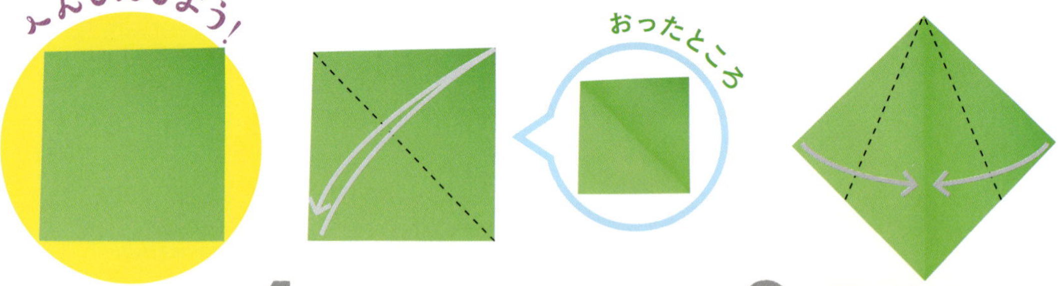
へんしんしよう！
おったところ

四角形《しかくけい》

1 おりすじをつけてむきをかえ

2 まんなかまでおって

おったところ
三角形《さんかくけい》にへんしん！

3 下《した》をおってうらがえす

二《に》等辺三角形《とうへんさんかくけい》

同《おな》じ三角形《さんかくけい》でもここがちがう！

直角《ちょっかく》二《に》等辺三角形《とうへんさんかくけい》

同《おな》じ長《なが》さの2本《ほん》の線《せん》でできた角《かど》が直角《ちょっかく》(90度《ど》)の三角形《さんかくけい》。

二《に》等辺三角形《とうへんさんかくけい》

2本《ほん》の線《せん》の長《なが》さが同《おな》じ三角形《さんかくけい》。

もう1回《かい》おるだけで
あらふしぎ!
べつの作品《さくひん》に
へんしんするよ!

1回《かい》おったらべつの作品《さくひん》!

もう1回《かい》おって へんしん!

ねったいぎょ

熱帯魚
tropical fish
［トゥラピクる ふィッシ］

おってみよう！

1 おりすじをつけてうらがえし
2 おってもどす

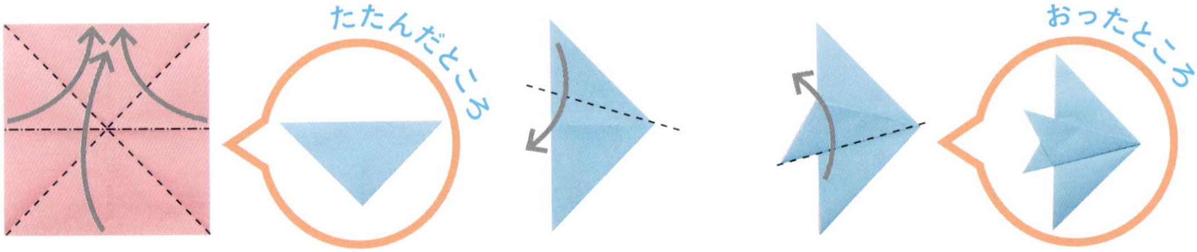

3 たたんでむきをかえ
4 上《うえ》を1まいおって
5 下《した》をおってうらがえす

できた！

あたたかい海《うみ》にすむ
きれいな色《いろ》のさかなだよ

もう1回《かい》おってへんしん!

へんしんしよう!

左右《さゆう》をおると…

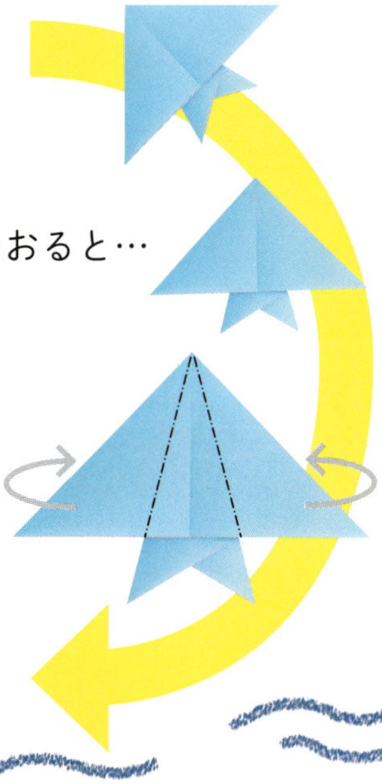

いかに
へんしん!

目《め》の間《あいだ》にある
ろうとから水《みず》を
はき出《だ》してすすむよ

いか

烏賊 squid [スクウィッド]

もの知《し》りクイズ

いかはどこからすみをはく?

①ろうと ②じょうろ ③口《くち》

答《こた》え ①

あさがお 朝顔 morning glory

［モーニング グろーリ］

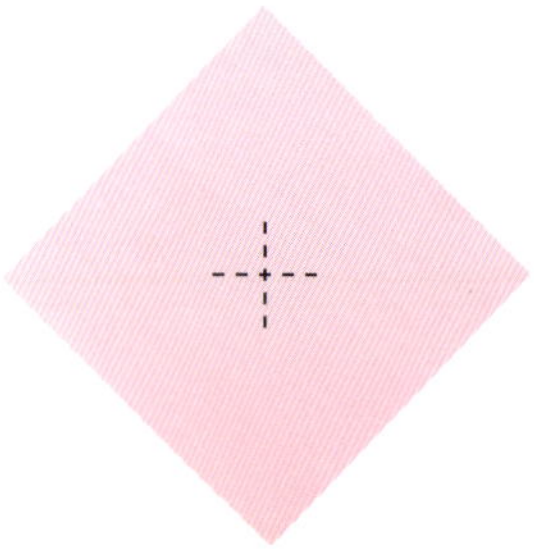

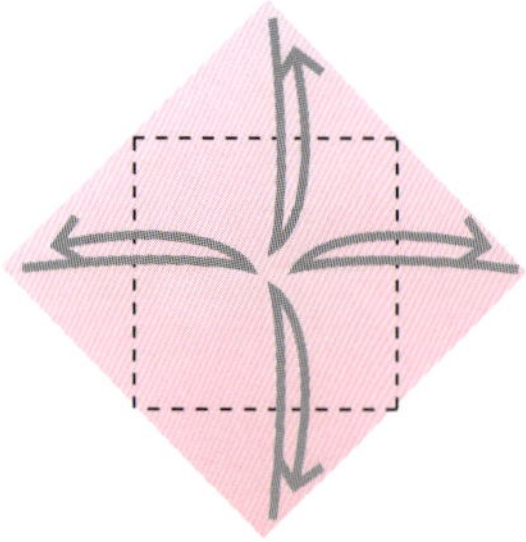

1 まんなかにおりすじをつけて **2** 角《かど》を合《あ》わせてもどす

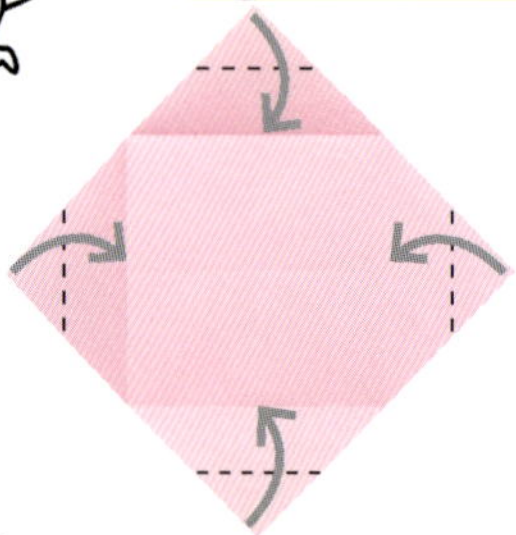

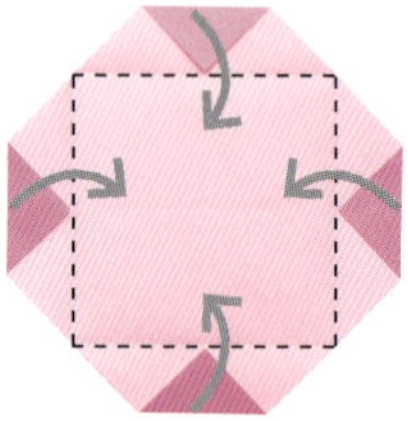

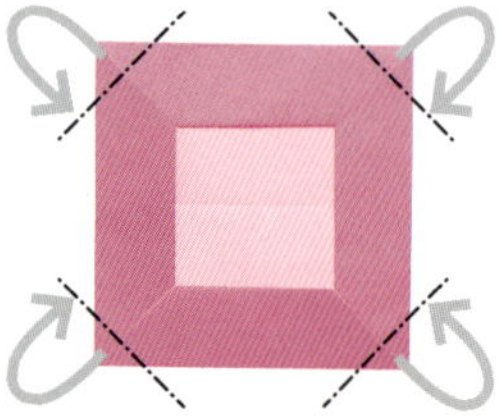

3 おりすじまでおって **4** まわりをおって **5** 角《かど》をおる

朝《あさ》に花《はな》を
さかせるよ

できた!

へんしんしよう!

角《かど》をおると…

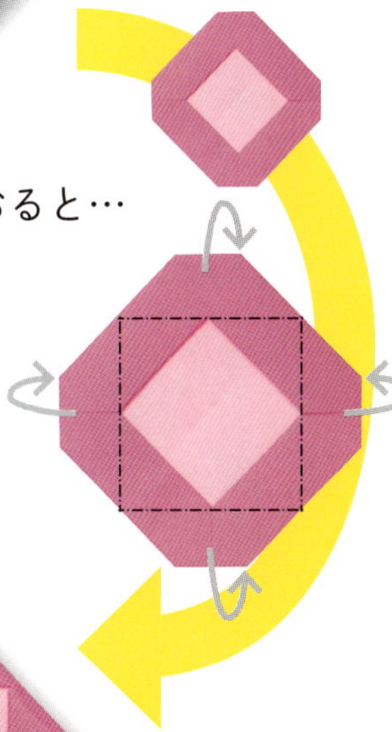

コースターにへんしん!

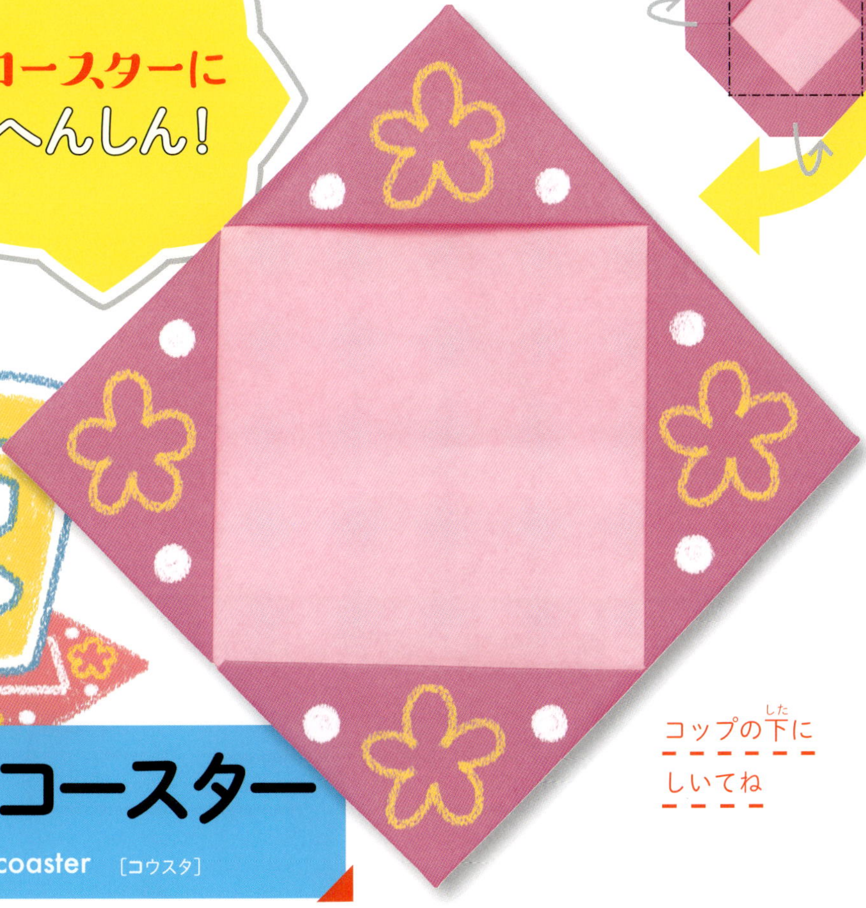

コップの下《した》にしいてね

コースター

coaster ［コウスタ］

もう1回《かい》おってへんしん!

もの知《し》りクイズ

あさがおのくきがのびて、ぼうなどにまきつくようになったものを何《なん》という?

①つる　②かめ　③たね

答《こた》え ①

インコ parakeet
［パぁラキート］

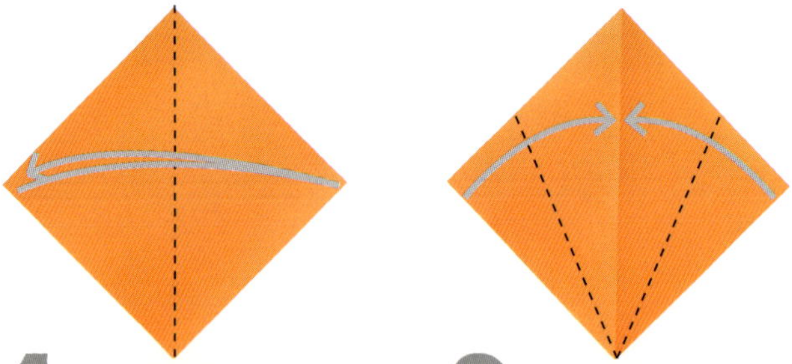

1 おりすじをつけて

2 まんなかまでおる

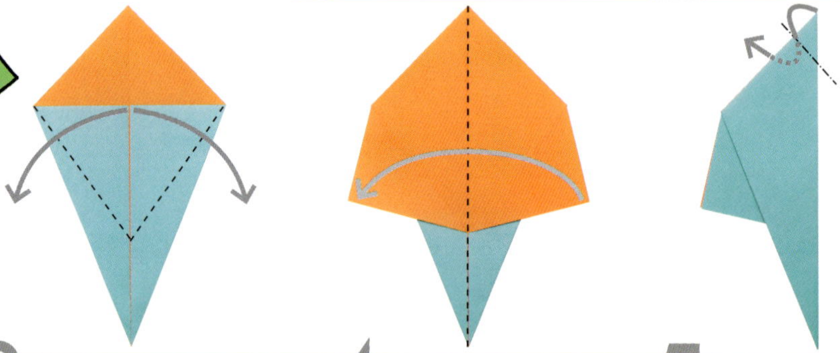

3 ななめにひらいて

4 半分《はんぶん》におって

5 なかわりおりする

できた！

羽《はね》があざやかな
色《いろ》をしているよ

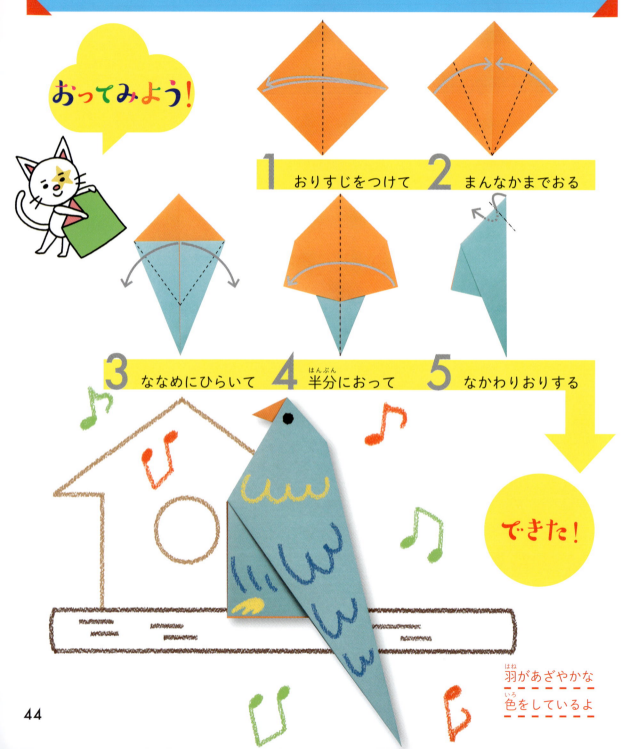

足《あし》でからだをささえて
りくをいどうできるよ

オットセイに
へんしん！

オットセイ

fur seal ［ふァ〜 スィーる］

もの知《し》りクイズ

オットセイにあって、アザラシにないのはどれ？
①足《あし》 ②耳《みみ》たぶ ③ひげ

答《こた》え ②

フレンチブルドッグ

french bulldog
［ふレンチ ブるドーグ］

おってみよう!

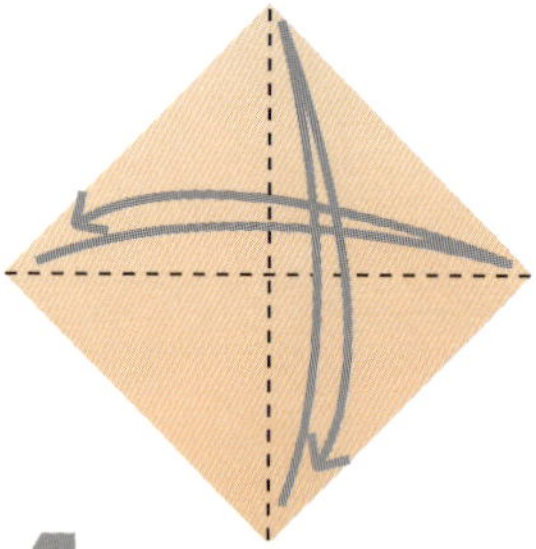

1 おりすじをつけて

2 角《かど》を合《あ》わせる

3 半分《はんぶん》におって

4 角《かど》を引《ひ》っぱって

5 だんおりする

できた!

ぴんと立《た》った耳《みみ》が
とくちょうだよ

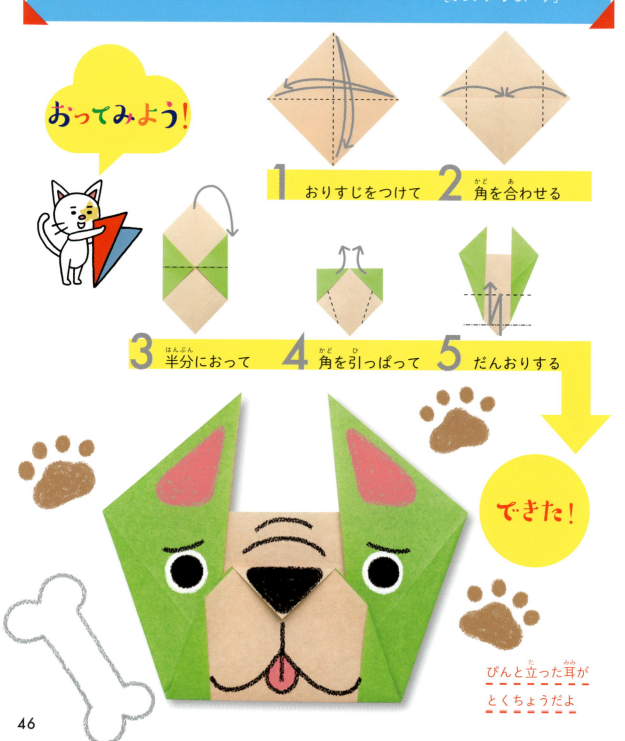

もう1回《かい》おって
へんしん!

へんしんしよう!

角《かど》を１まい
めくると…

ウグイスに
へんしん!

ウグイス

鶯　bush warbler　［ブッシ ウォーブら］

春《はる》にうつくしい声《こえ》で
さえずるよ

もの知《し》り
クイズ

ウグイスのさえずりはどれ？
①カッコー　②ホーホケキョ　③ブッポウソウ

答《こた》え　②

トナカイ

reindeer
［レインディア］

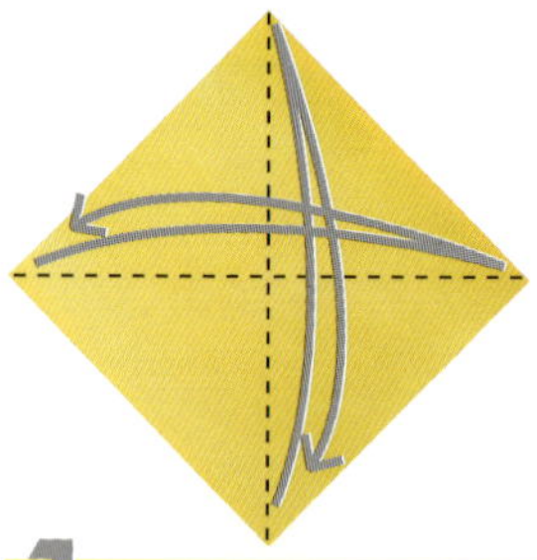

1 おりすじをつけて

2 角《かど》を合《あ》わせる

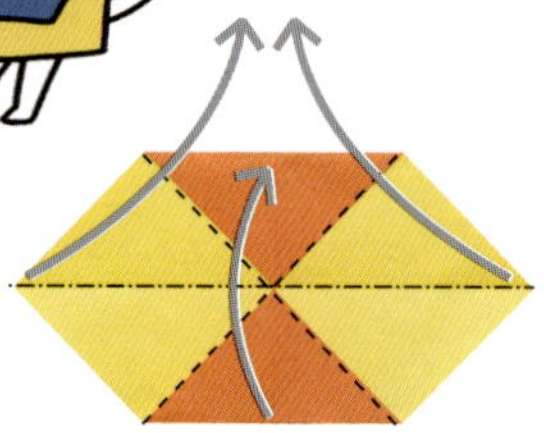

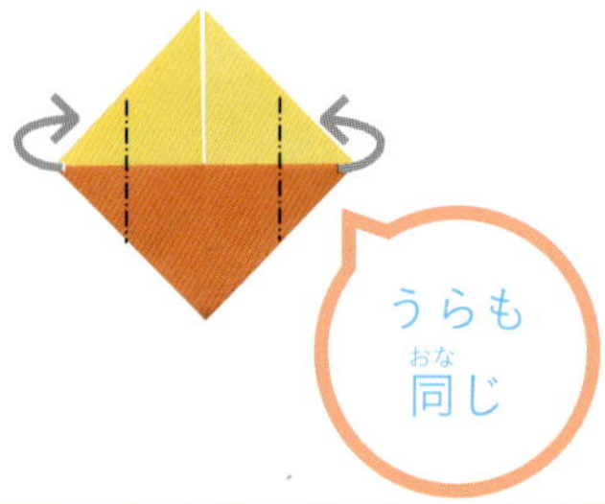

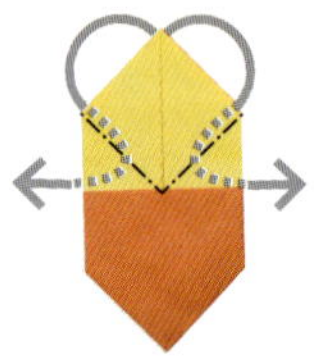

3 おりたたんで

4 角《かど》をなかにしまって

5 なかわりおりする

できた!

りっぱな角《つの》が

とくちょうだよ

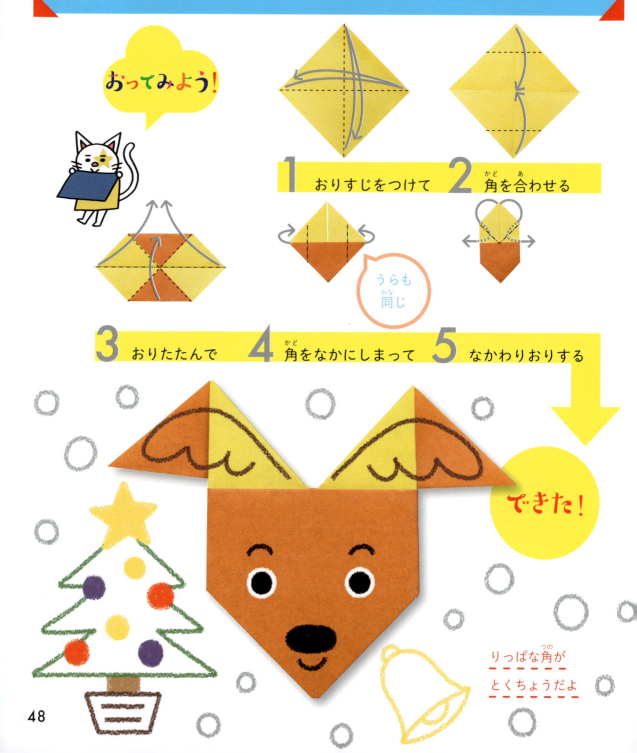

へんしんしよう!

もう1回《かい》おって へんしん!

ひらいて
四角《しかく》におると…

はこに へんしん!

はこ

箱　box ［バックス］

お気《き》に入《い》りの
ものを入《い》れてね

もの知《し》りクイズ

シカのなかまのうち、オスにもメスにも角《つの》があるのはどれ？

①ニホンジカ　②トナカイ　③ヘラジカ

答《こた》え　②

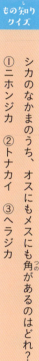

きょうりゅう

恐竜
dinosaur
［ダイナソーア］

おってみよう!

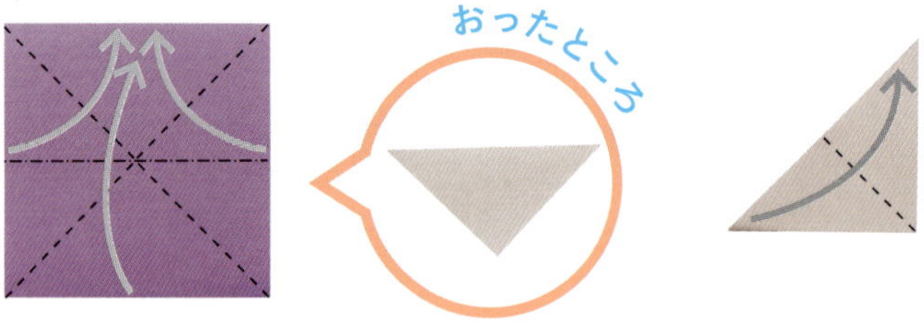

1 三角《さんかく》おりしてむきをかえ
2 1まいめくる

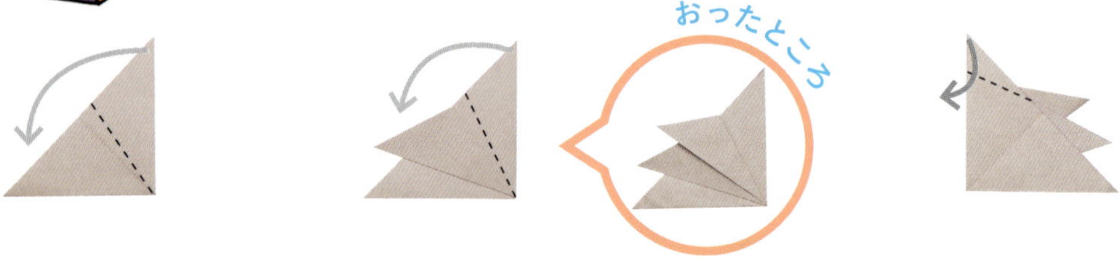

3 ずらして1まい
4 もう1まいおってうらがえし
5 角《かど》をおる

せなかにギザギザのとげがあるよ

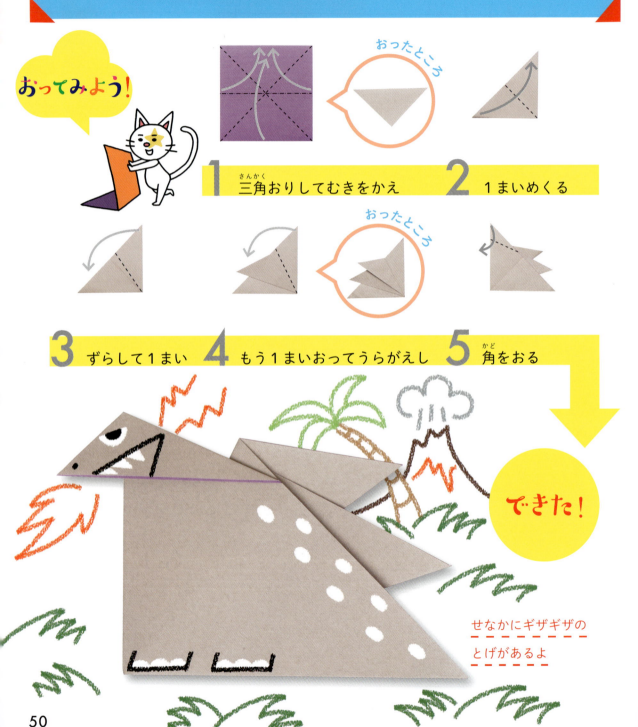

へんしんしよう!

角《かど》を２つおって
うらがえすと…

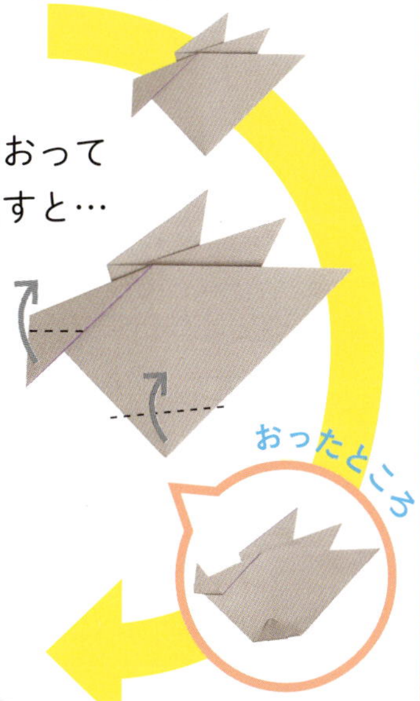

ハリネズミに へんしん!

せなかにトゲトゲの
はりがあるよ

ハリネズミ

針鼠　hedgehog　［ヘッヂホーグ］

もう1回《かい》おって へんしん!

もの知《し》り クイズ

ハリネズミのはりは何《なに》がへんかしたもの?

①毛《け》　②つめ　③は

答《こた》え　①

さかな

魚
fish
［ふイッシ］

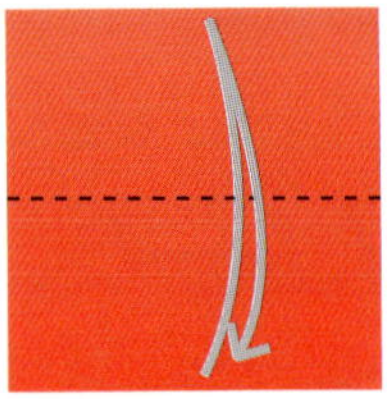

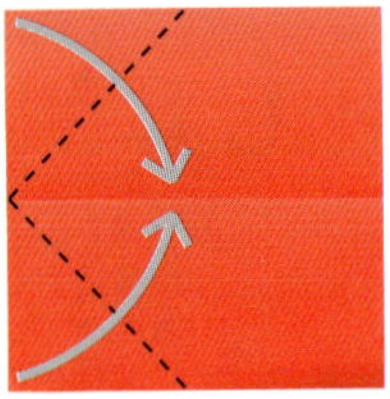

1 おりすじをつけて

2 まんなかまでおって

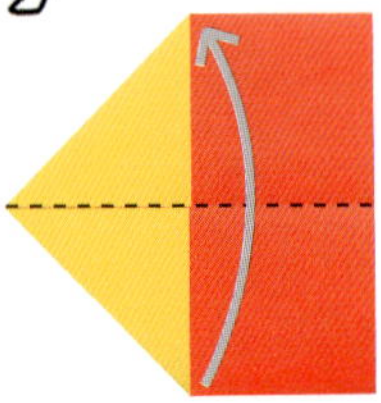

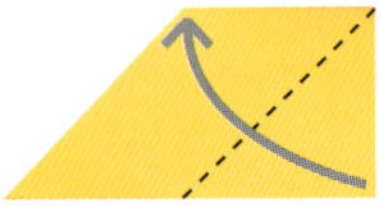

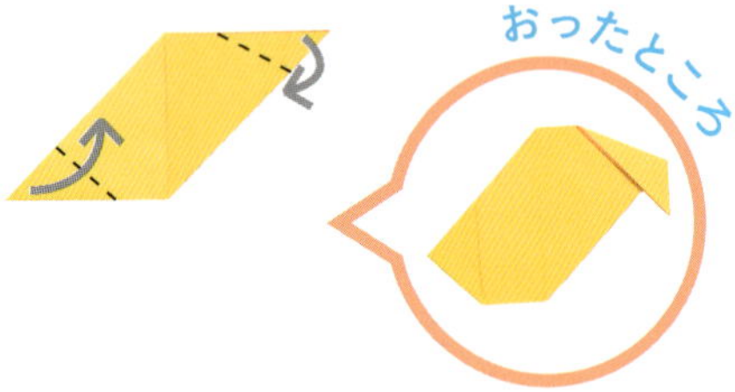

3 半分《はんぶん》におる

4 角《かど》を合《あ》わせて

5 ななめにおってうらがえす

できた!

からだにうろこが
びっしりとついているよ

へんしんしよう！

うらがえして
ななめにおって
またうらがえすと…

ひよこに
へんしん！

ひよこ

雛　chick ［チック］

ニワトリのたまごから
かえったひなだよ

もの知《し》り
クイズ

さかなのうろこのやくわりでちがうのはどれ？
①からだをまもる　②およぎやすくする　③こきゅうする

答《こた》え　③

いえ

家
house
［ハウス］

おってみよう！

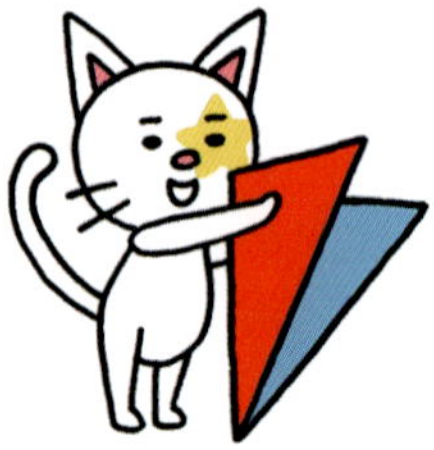

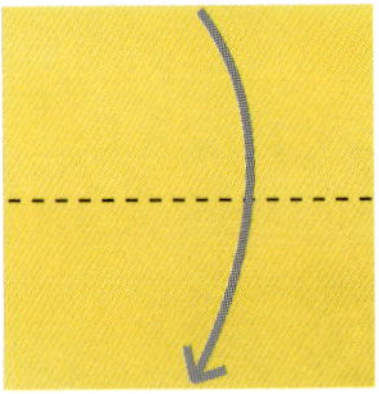

1 半分《はんぶん》におって

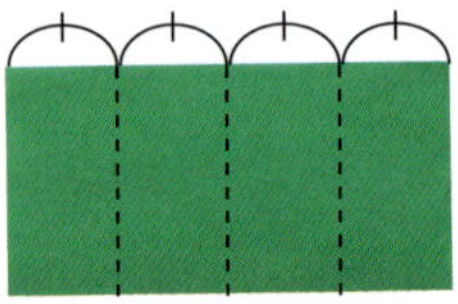

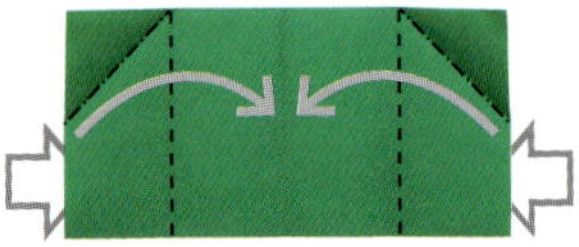

2 おりすじをつける

3 角《かど》をおってもどし

4 ひらいてつぶす

できた！

2つやねの
大《おお》きないえだよ

へんしんしよう!

もう1回《かい》おって へんしん!

まんなかを
めくると…

おみせに
へんしん!

おみせ

お店　shop　[シャップ]

やねにおみせの
名前《なまえ》をかいてね

もの知《し》り クイズ

おはなやさんで売《う》っている、きったじょうたいのはなを何《なん》という?

①きりばな　②いけばな　③なのはな

答《こた》え ①

オムライス

rice omelet

［ライス アムれット］

おってみよう!

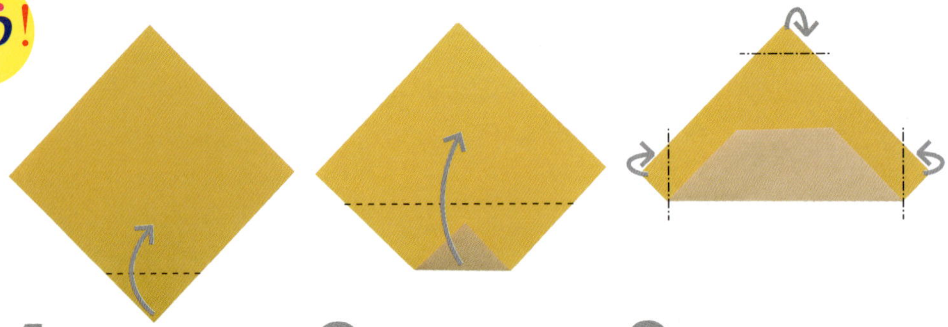

1 下《した》から1回《かい》

2 2回《かい》おって

3 角《かど》をおる

ふわふわのたまごで

ごはんをつつむよ

できた!

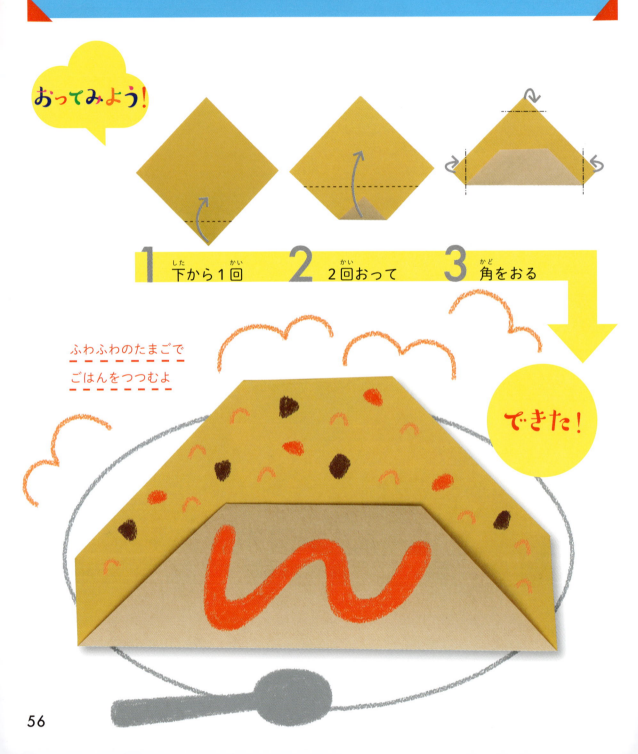

へんしんしよう!

左右《さゆう》をななめに
おると…

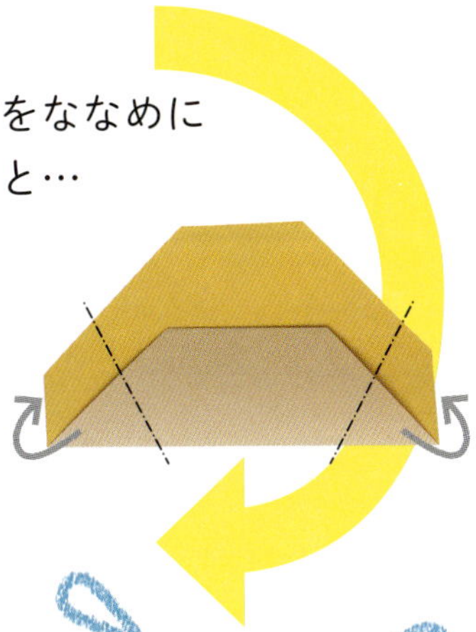

かおに へんしん!

わらったかお、ないたかお
いろいろなかおがあるね

かお

顔 face ［ふェイス］

もの知《し》り
クイズ

オムライスの「オム」は、何《なん》ということばをみじかくしたもの?

①おむすび ②おむつ ③オムレツ

答《こた》え ③

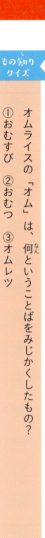

やま

山

mountain

［マウントゥン］

おってみよう！

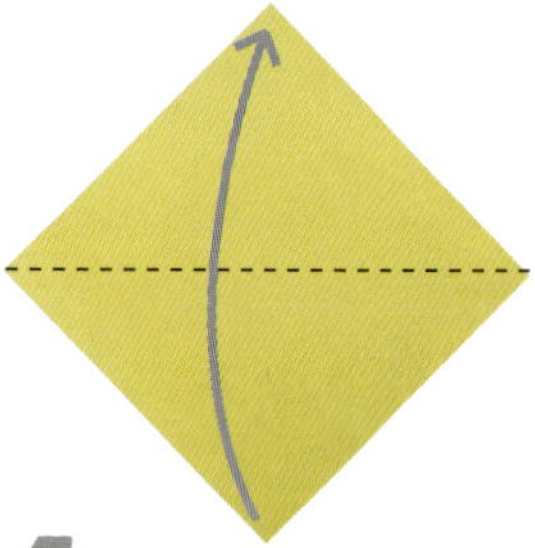

1 半分《はんぶん》におって

2 1まいめくる

3 だんおりして

4 角《かど》をおる

空《そら》にとどきそうなほど
高《たか》くそびえるやまだよ

できた！

もう1回《かい》おって へんしん！

へんしんしよう！

左右《さゆう》をななめに おると…

角《つの》やきばがするどく とがっているよ

あくまに へんしん！

あくま

悪魔 devil [デヴる]

もの知《し》りクイズ

やまの上《うえ》がさむいのは何《なに》がすくないから？

①ごみ ②空気《くうき》 ③人《ひと》

答《こた》え ②

ヨット yacht
［ヤット］

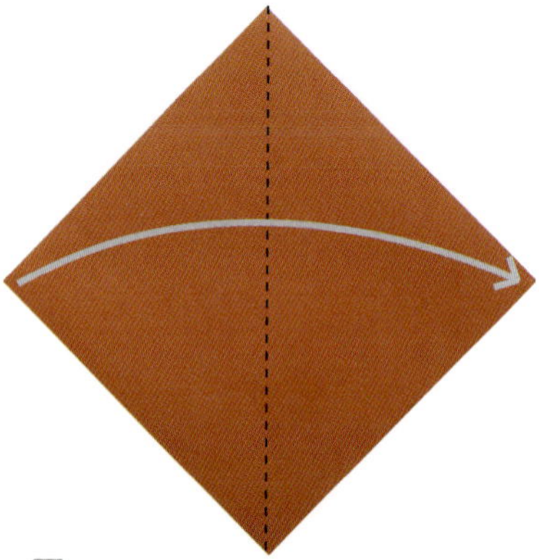

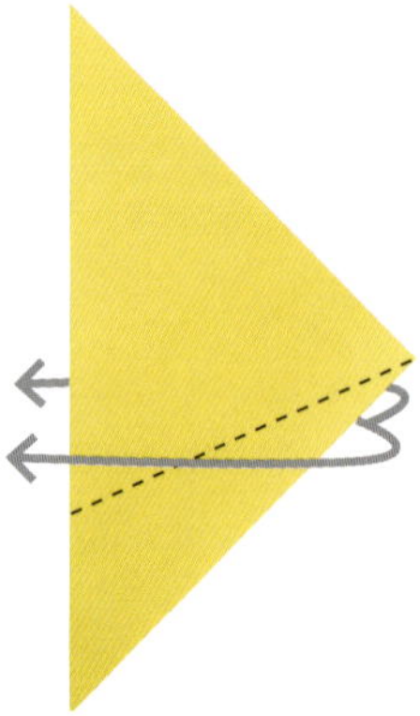

1 半分《はんぶん》におって

2 かぶせおりする

大《おお》きなほで
風《かぜ》をきってすすむよ

へんしんしよう!

もう1回《かい》おって へんしん!

2回《かい》なかわり おりすると…

おばねを引《ひ》っぱると パタパタうごくよ

コウノトリに へんしん!

コウノトリ

鸛　stork　［ストーク］

もの知《し》りクイズ

ヨーロッパのいいつたえでは、コウノトリは何《なに》をはこぶとされていた？

①赤《あか》ちゃん　②てんし　③手紙《てがみ》

答《こた》え ①

ぶた
豚
pig
［ピッグ］

おってみよう!

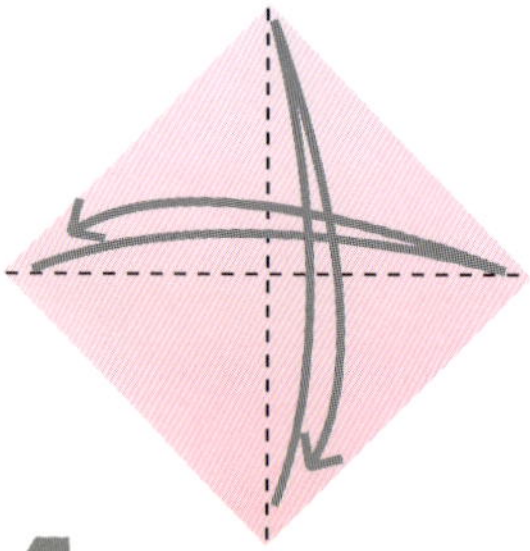

1　おりすじをつけて

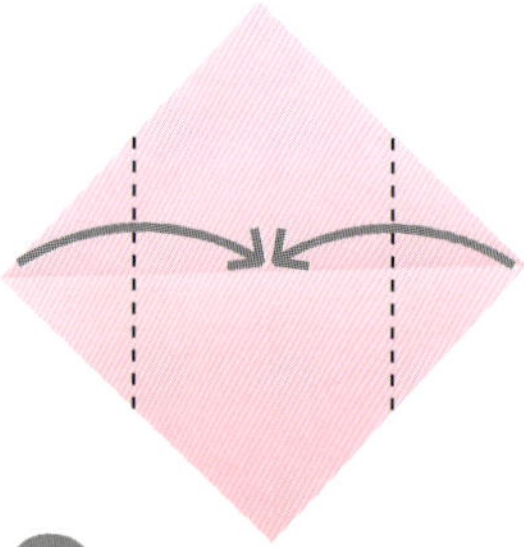

2　角《かど》を合《あ》わせる

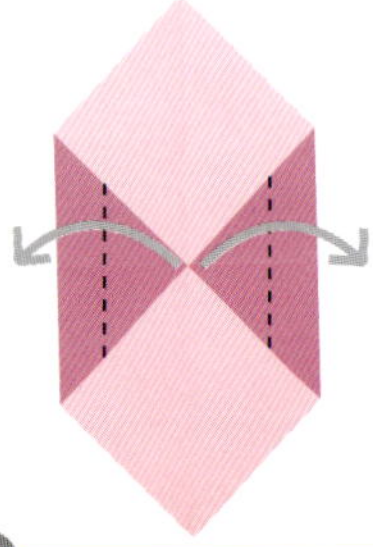

3　左右《さゆう》にひらいて

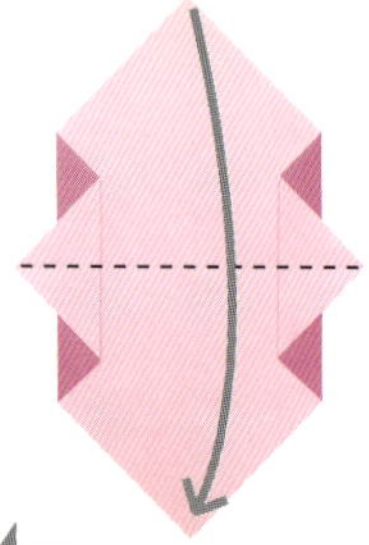

4　半分《はんぶん》におり

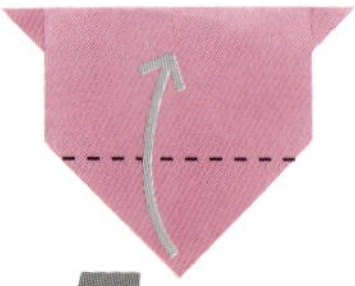

うらも同《おな》じ

5　1まいめくる

できた!

大《おお》きなはなが
とくちょうだよ

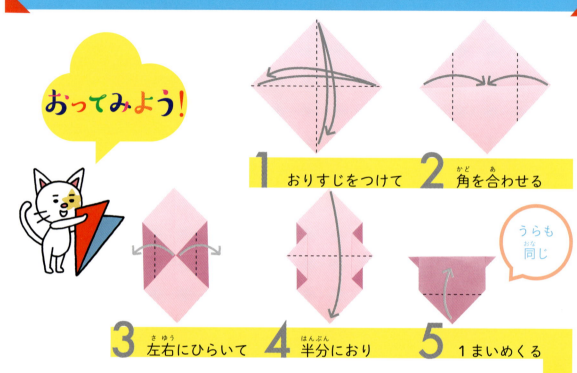

へんしんしよう！

ひらいて耳《みみ》を
なかにしまって
半分《はんぶん》におると…

かっぱに へんしん！

きゅうりがすきな
ようかいだよ

かっぱ

河童　water imp　［ウォータ インプ］

もの知《し》り クイズ

かっぱは頭《あたま》に何《なに》をのせている？
①ぼうし　②さら　③せんめんき

答《こた》え　②

ききゅう 気球

balloon

[バるーン]

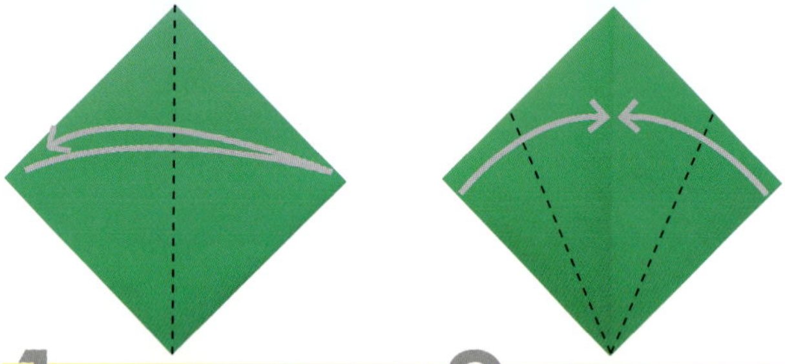

1 おりすじをつけて
2 まんなかまでおる

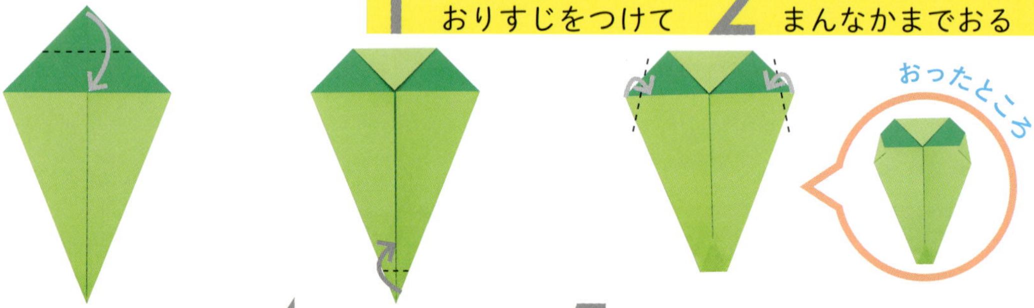

3 上《うえ》をおって
4 下《した》をおって
5 左右《さゆう》を少《すこ》しおってうらがえす

できた!

空《そら》にふんわり
うかぶよ

もう1回《かい》おって へんしん!

へんしんしよう!

かさが広《ひろ》がって 大《おお》きくなるよ

だんおりすると…

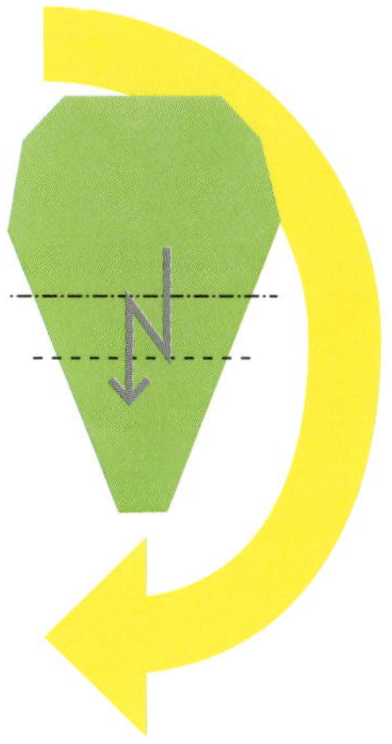

きのこに へんしん!

きのこ

茸　mushroom　[マッシルーム]

もの知《し》りクイズ

つぎのうち、きのこではないものはどれ?

①しいたけ　②まつたけ　③たけのこ

答《こた》え ③

りんご

林檎

apple

［あぷる］

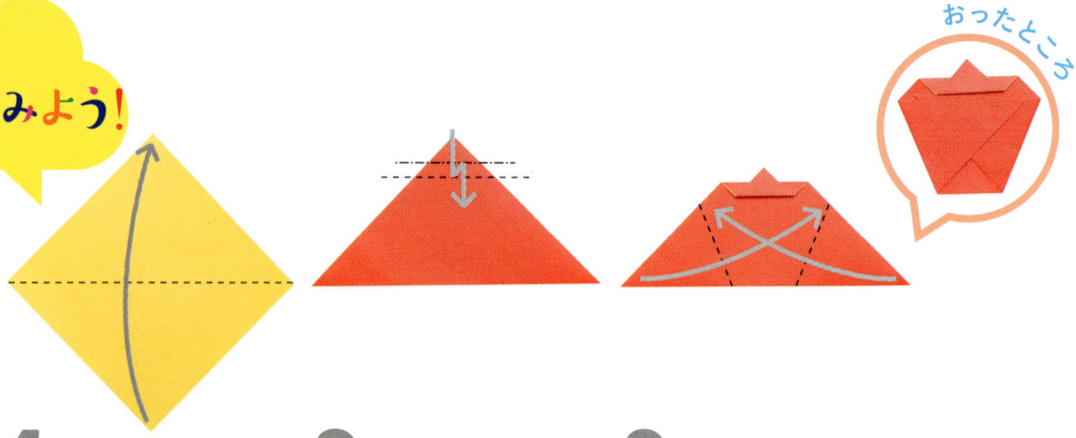

1 半分《はんぶん》におって

2 だんおりして

3 左右《さゆう》をかさねてうらがえす

木《き》にあまくておいしい
みがなるよ

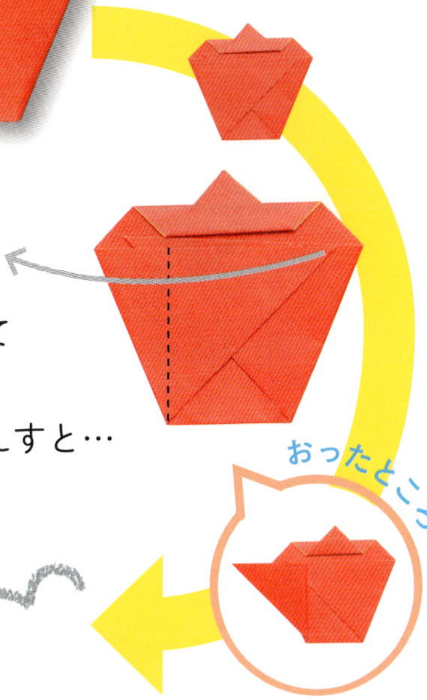

うらがえして
左《ひだり》をおって
またうらがえすと…

ポットにへんしん！

ポット

pot ［パット］

あたたかいお茶《ちゃ》を
入《い》れるときにつかうよ

もの知《し》りクイズ

りんごは何科《なにか》のしょくぶつ？
①りんご科《か》 ②なし科《か》 ③ばら科《か》

答《こた》え ③

カクレクマノミ

clownfish
［クらウンふィッシ］

おってみよう!

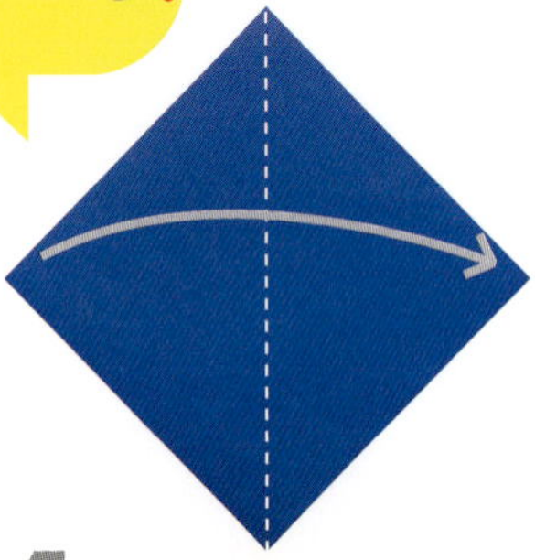

1 半分《はんぶん》におって

2 下《した》をおって

3 上《うえ》をおってうらがえす

きれいなオレンジと
白《しろ》のしまもようだよ

できた!

もう1回《かい》おって へんしん！

へんしんしよう！

うらがえして
下《した》をおると…

きんちゃくに へんしん！

きんちゃく

巾着　pouch　［パウチ］

上のぶぶんを
ひもでしぼるよ

もの知《し》りクイズ

カクレクマノミは、いつもほかの生《い》きもののそばにいるよ。その生《い》きものとは？

①イソギンチャク　②くらげ　③ヒトデ

答《こた》え　①

きんぎょ

金魚
goldfish
[ゴウるドふィッシ]

おってみよう!

1 おりすじをつけてうらがえし

2 おってもどす

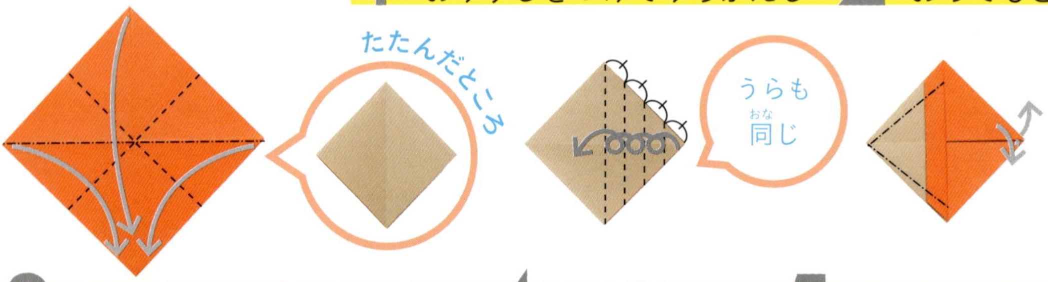

3 たたんでむきをかえ

4 まきおりして

5 上下《じょうげ》をこうささせる

できた!

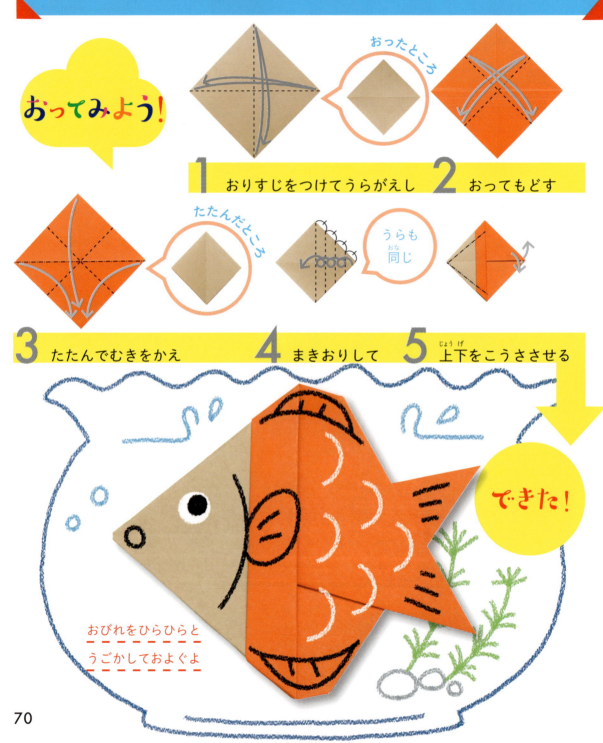

もう1回《かい》おって
へんしん!

へんしんしよう!

しっぽを
なかわりおり
すると…

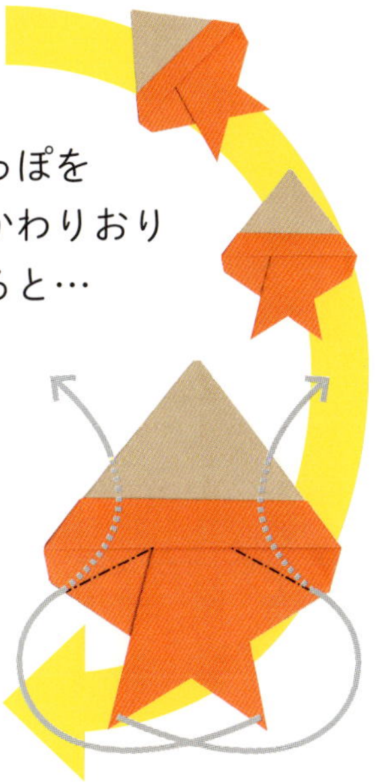

むかしの人《ひと》がたたかいの
ときにかぶったよ

かぶとに
へんしん!

かぶと

兜　helmet　[へるメット]

もの知《し》り
クイズ

きんぎょは野生《やせい》のあるさかなからつくられたよ。そのさかなとは?

①めだか　②ふな　③さけ

答《こた》え　②

ねずみ

鼠

mouse

［マウス］

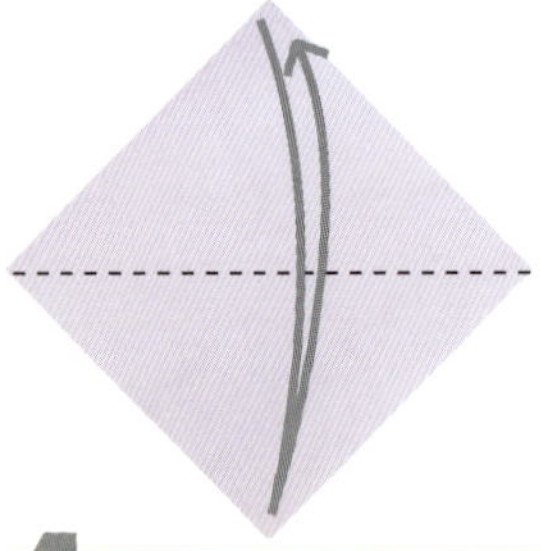

1 おりすじをつけて

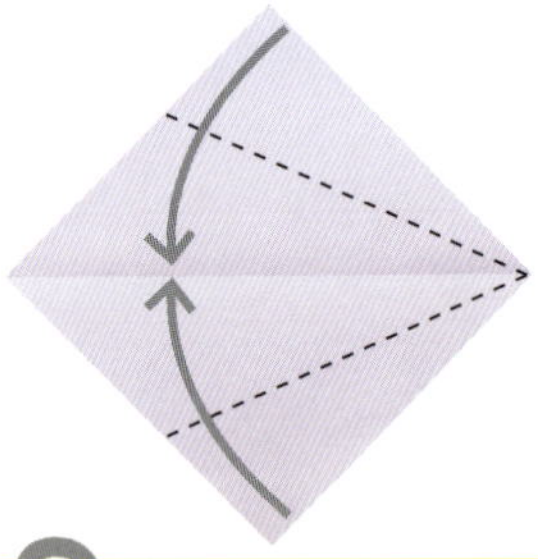

2 まんなかまでおる

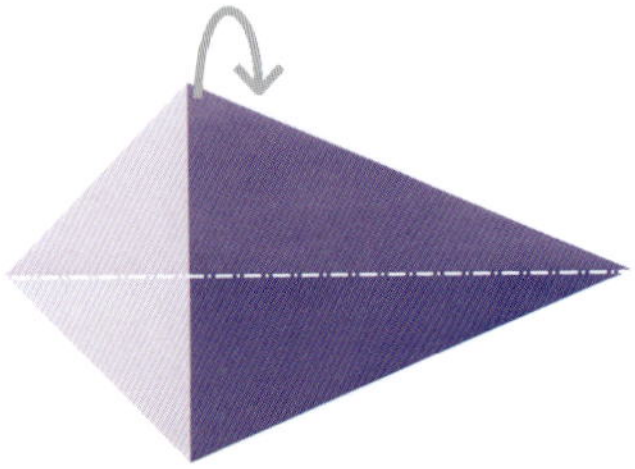

3 半分《はんぶん》におって

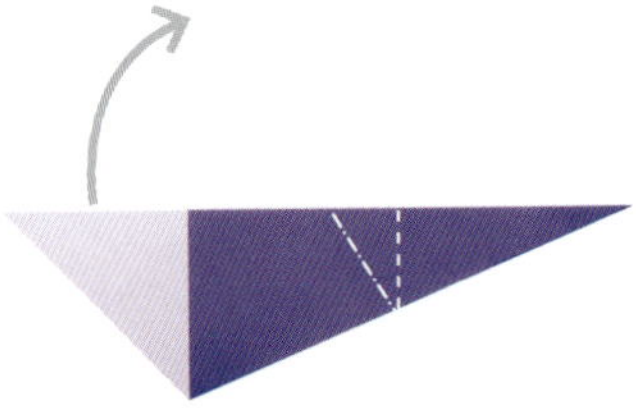

4 おりすじをつけてひらき

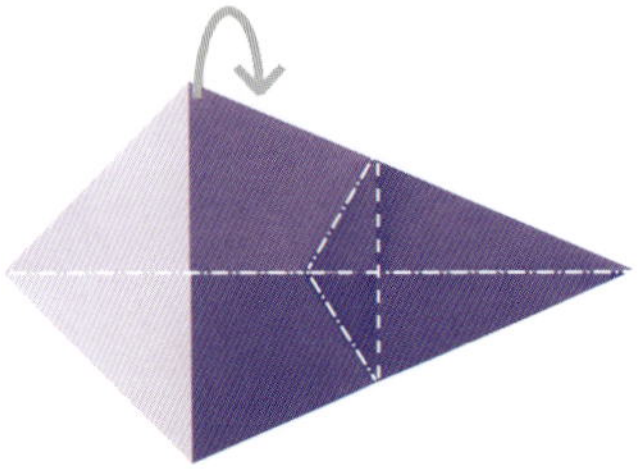

5 半分《はんぶん》におりたたむ

しっぽが長《なが》く
ちょろちょろうごくよ

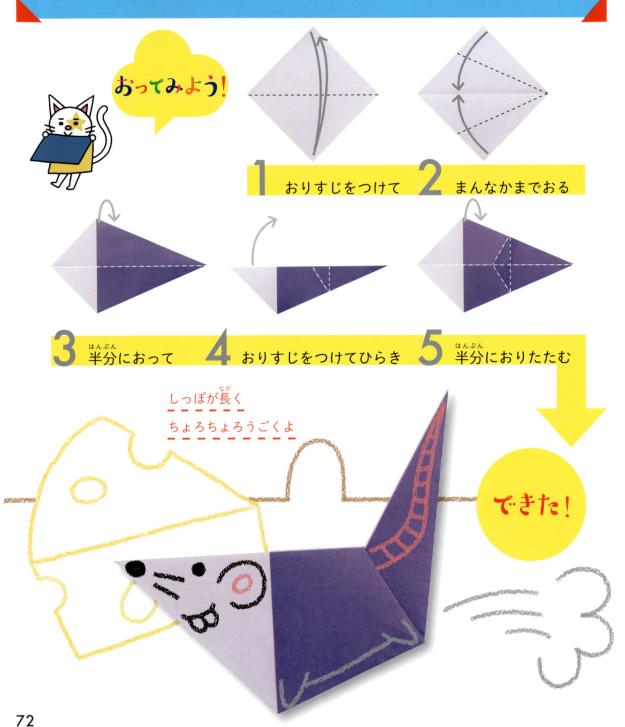

へんしんしよう!

もう1回《かい》おって へんしん!

なかわりおり
すると…

つばさをはばたかせて
空《そら》をとぶよ

**とりに
へんしん!**

とり

鳥　bird　[バ～ド]

もの知《し》りクイズ

せかいでいちばん大《おお》きなねずみのなかまはどれ?

①モルモット　②カピバラ　③ビーバー

答《こた》え ②

カップケーキ

cupcake
［カップケイク］

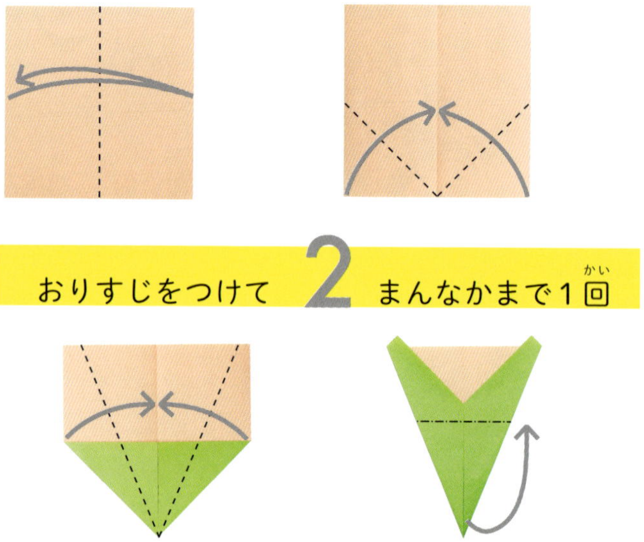

1 おりすじをつけて

2 まんなかまで1回《かい》

3 2回《かい》おって

4 下《した》をおる

カップに入《はい》った
小《ちい》さなケーキだよ

へんしんしよう！

左右《さゆう》をななめに
おると…

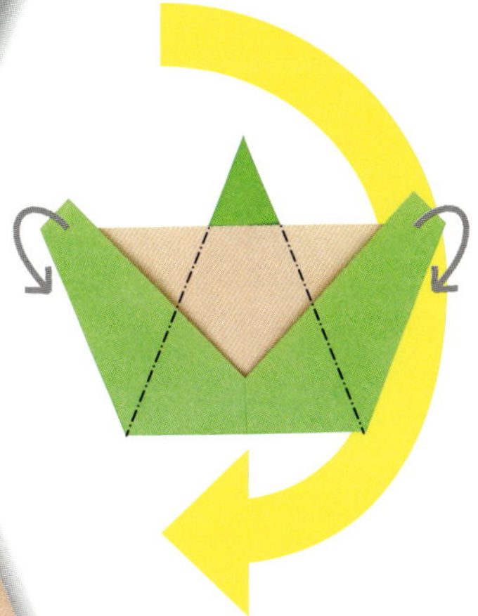

こびとに へんしん！

こびと

小人　dwarf　［ドゥウォーふ］

三角《さんかく》のとんがりぼうしを
かぶっているよ

もの知《し》りクイズ

つぎのうち、こびとが出《で》てこないおはなしはどれ？
①しらゆきひめ　②ガリヴァーりょこうき　③ヘンゼルとグレーテル

答《こた》え　③

ちょう

蝶

butterfly

［バタふらイ］

おってみよう！

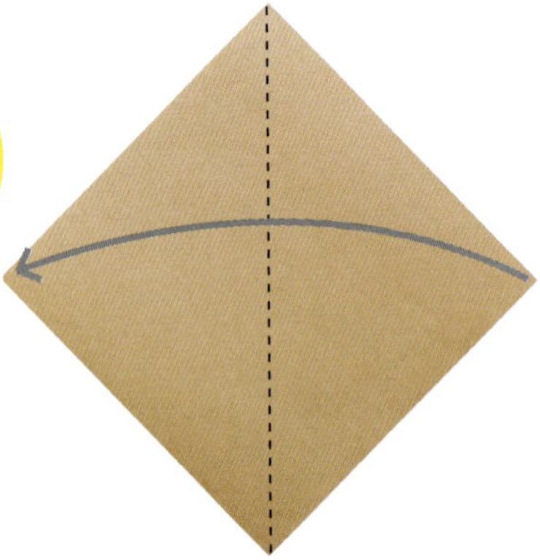

1 半分《はんぶん》におって

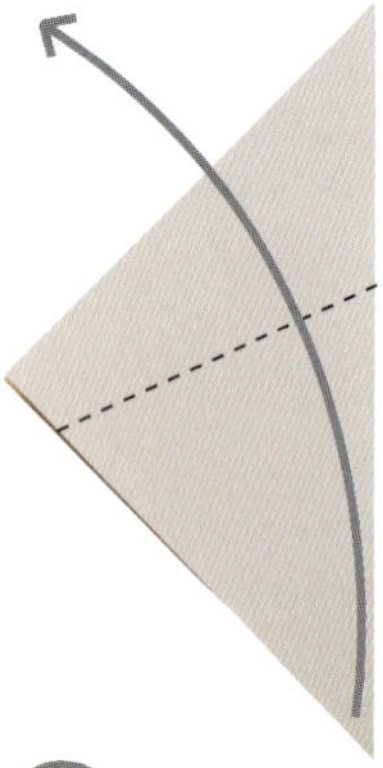

2 ななめにおる

できた！

はなのまわりを

ひらひらとびまわるよ

へんしんしよう!

角《かど》をおると…

メスはうんだたまごを
あたためるよ

ニワトリに
へんしん!

ニワトリ

鶏 hen ［ヘン］

もの知《し》り クイズ

「コケコッコー」と鳴《な》くのはニワトリのオスとメスどっち？

①オス ②メス ③どちらも

答《こた》え ①

サメ 鮫 shark ［シャーク］

おってみよう!

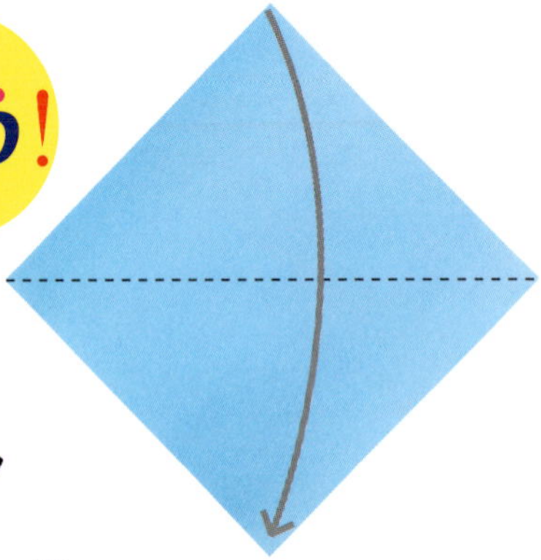

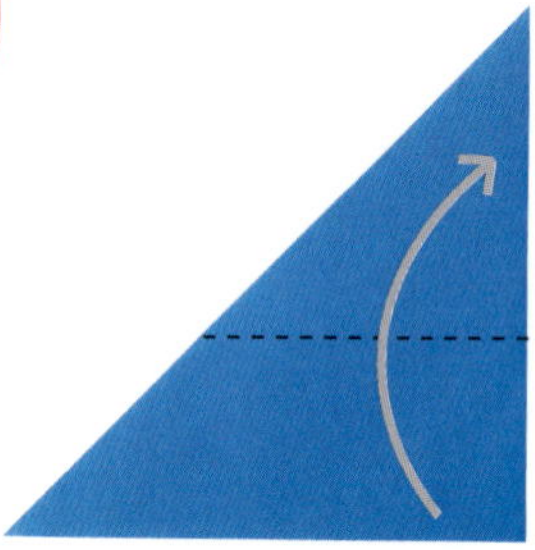

1 半分《はんぶん》におってむきをかえ　2 下《した》をおる

できた!

するどいはと
とがったひれをもつよ

へんしんしよう！

角《かど》をおると…

ふねに へんしん！

えんとつから けむりを出《だ》してすすむよ

ふね

船　ship ［シップ］

もの知《し》りクイズ

ふねがながされないように水《みず》のそこにしずめるおもりを何《なん》という？

①さそり　②いかり　③なまり

答《こた》え ②

アンコウ

鮟鱇
anglerfish
［あングらふぃッシ］

おってみよう!

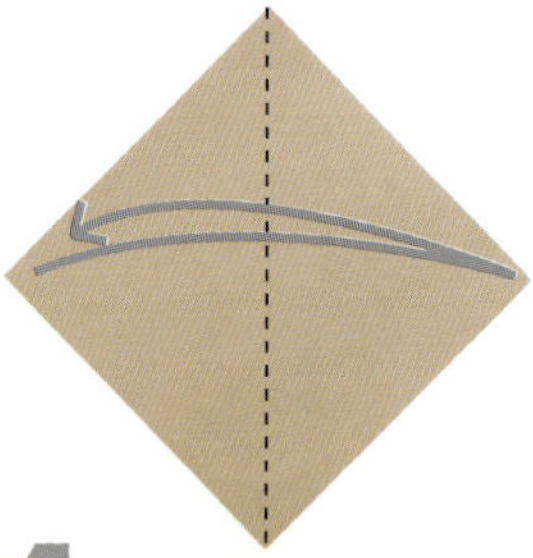

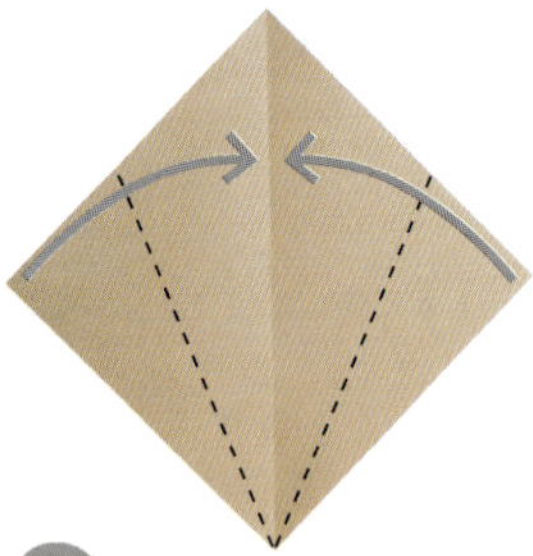

1 おりすじをつけて　2 まんなかまでおる

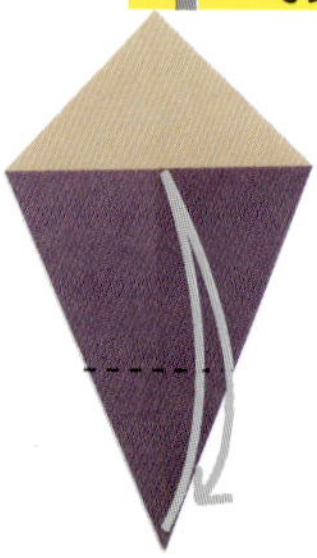

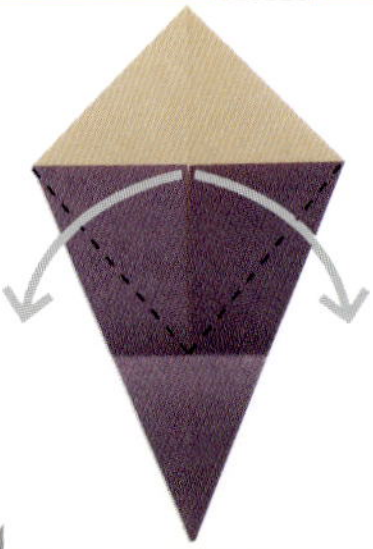

3 おってもどし　4 ななめにひらいてうらがえす

できた!

頭《あたま》が大《おお》きくひらべったい
からだをしているよ

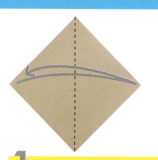

へんしんしよう!

うらがえして
だんおりすると…

クジャクに
へんしん!

オスはきれいな目玉《めだま》もようの
羽《はね》をもっているよ

クジャク

孔雀　peacock　［ピーカック］

**もの知《し》り
クイズ**

アンコウのうち、頭《あたま》の上《うえ》のとび出《だ》したぶぶんが光《ひか》るしゅるいを何《なん》という?

①ホタルアンコウ　②デンキアンコウ　③チョウチンアンコウ

答《こた》え　③

ソフトクリーム

soft ice cream

［ソーふト アイス クリーム］

おってみよう!

1 おりすじをつけて

2 3つにおって

3 だんおりする

できた!

おりがみの色《いろ》をかえて

いろいろなあじをつくってね

もう1回《かい》おって へんしん!

へんしんしよう!

下《した》をおると…

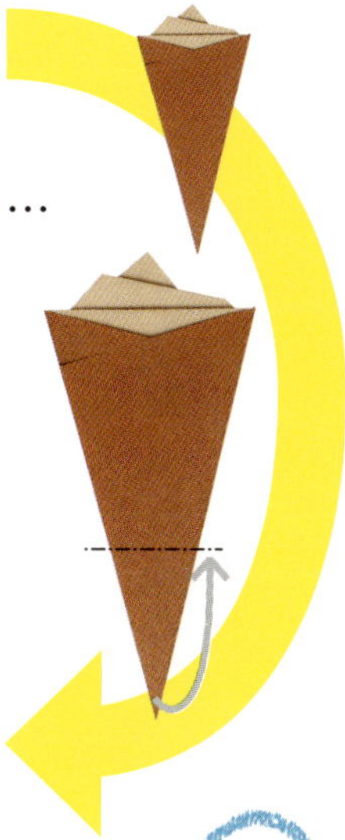

ソフトクリームをうかべた
つめたいのみものだよ

フロートに
へんしん!

フロート

float ［ふろウト］

もの知《し》りクイズ

ソフトクリームをのせるコーンカップの「コーン」はえいごでどんないみ?

①トウモロコシ　②円《えん》すい　③きつね

答《こた》え　②（「コーン」は「円《えん》すい」のこと）

コップ glass

［グらぁス］

おってみよう！

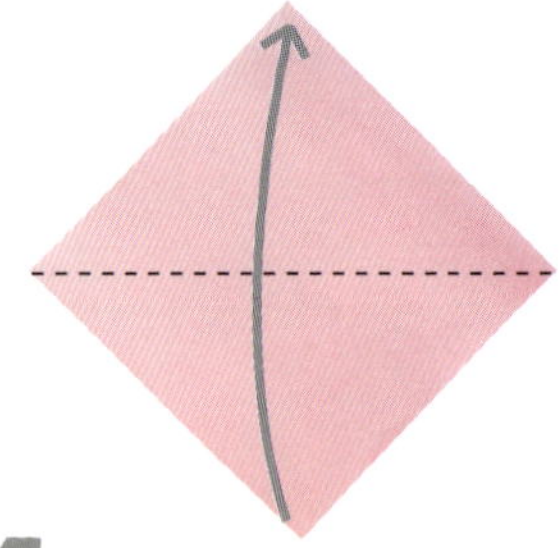

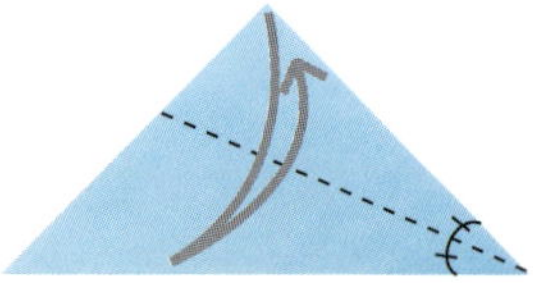

1 半分《はんぶん》におって

2 おりすじをつける

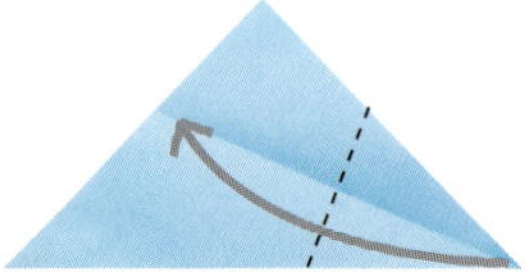

うらも 同《おな》じ

3 右《みぎ》をおって

4 左《ひだり》をおって

5 1まいめくる

できた！

なかにものを

入《い》れられるよ

へんしんしよう!

めくったところを
1まいもどして
うらがえすと…

バッグに へんしん!

ふたつきのおしゃれな
バッグだよ

バッグ

bag ［バぁッグ］

もう1回《かい》おって へんしん!

もの知《し》りクイズ

かたにかけてもつバッグは、つぎのうちどれ?
①ハンドバッグ ②ウエストバッグ ③ショルダーバッグ

答《こた》え ③

おりがみで
算数《さんすう》トレーニング！

図形《ずけい》のへんしん②

四角形《しかくけい》からそれぞれべつの形《かたち》の
四角形《しかくけい》をおってみよう！

へんしんしよう！

長方形《ちょうほうけい》にへんしん！

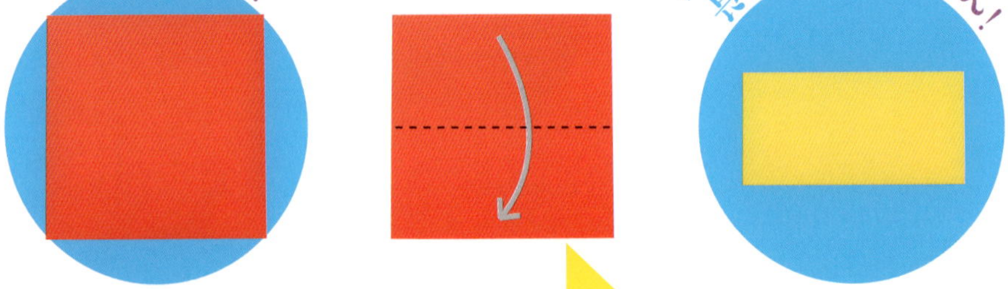

正方形《せいほうけい》

半分《はんぶん》におる

長方形《ちょうほうけい》

へんしんしよう！

上《うえ》の長方形《ちょうほうけい》をおる

おったところ

平行四辺形《へいこうしへんけい》にへんしん！

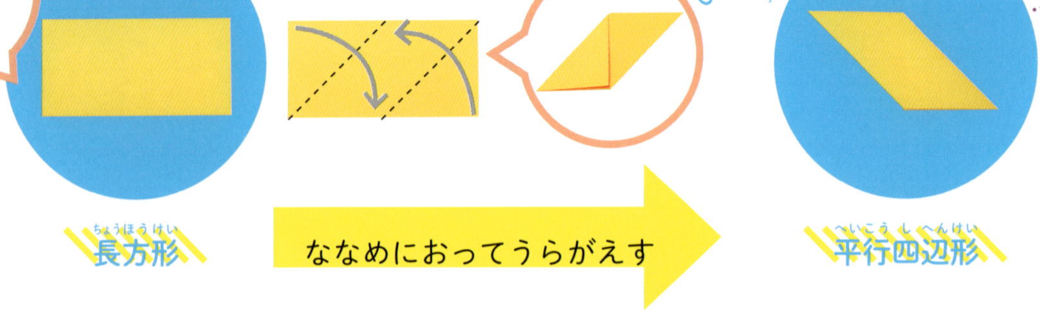

長方形《ちょうほうけい》

ななめにおってうらがえす

平行四辺形《へいこうしへんけい》

同《おな》じ四角形《しかくけい》でもここがちがう！

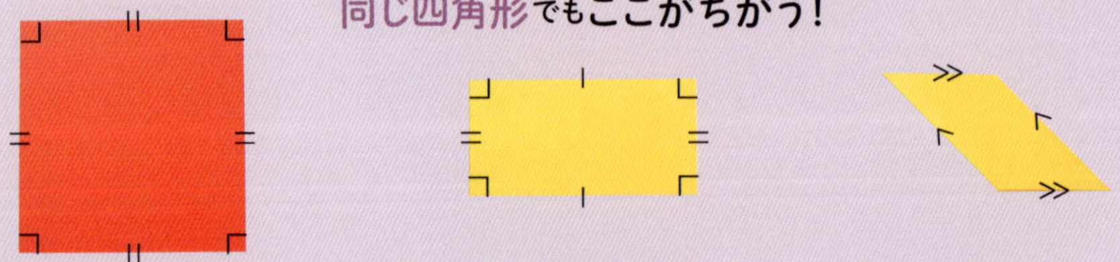

正方形《せいほうけい》

4本《ほん》の線《せん》の長《なが》さがすべて同《おな》じで、角《かど》がすべて直角《ちょっかく》(90度《ど》)の四角形《しかくけい》。

長方形《ちょうほうけい》

むかい合《あ》う2本《ほん》の線《せん》の長《なが》さがどちらも同《おな》じで、角《かど》がすべて直角《ちょっかく》(90度《ど》)の四角形《しかくけい》。

平行四辺形《へいこうしへんけい》

むかい合《あ》う2本《ほん》の線《せん》がどちらも平行《へいこう》(どこまでのばしてもまじわらない)な四角形《しかくけい》。

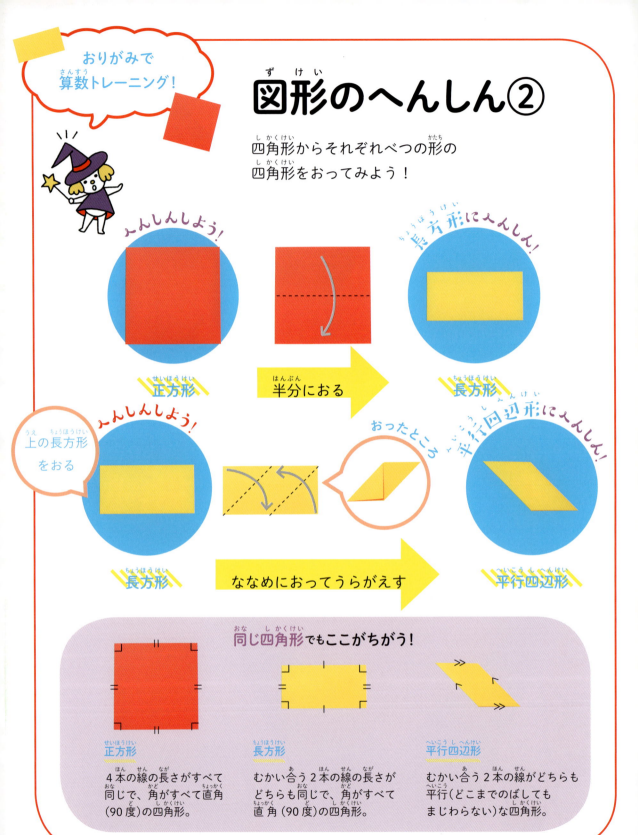

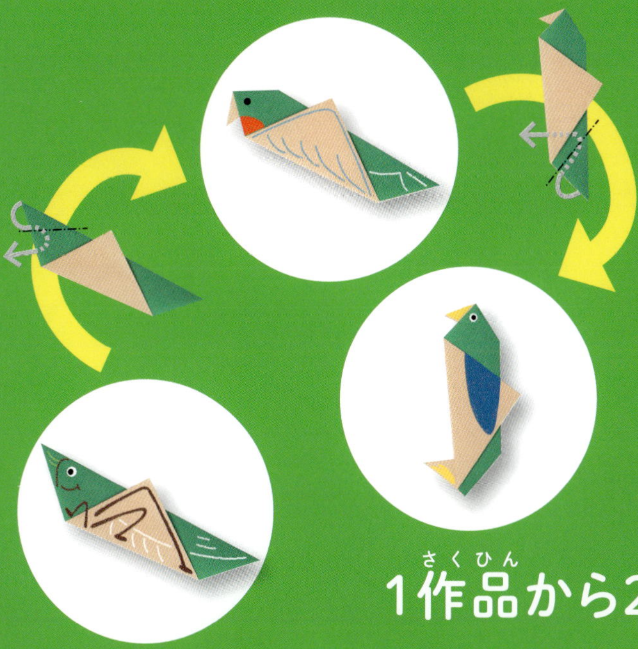

もう1回《かい》ずつおると
1回《かい》、2回《かい》とれんぞくで
べつの作品《さくひん》に
へんしんするよ！

1作品《さくひん》から2作品《さくひん》！

れんぞくで
へんしん！

バッタ grasshopper
［グラぁスハパ］

おってみよう!

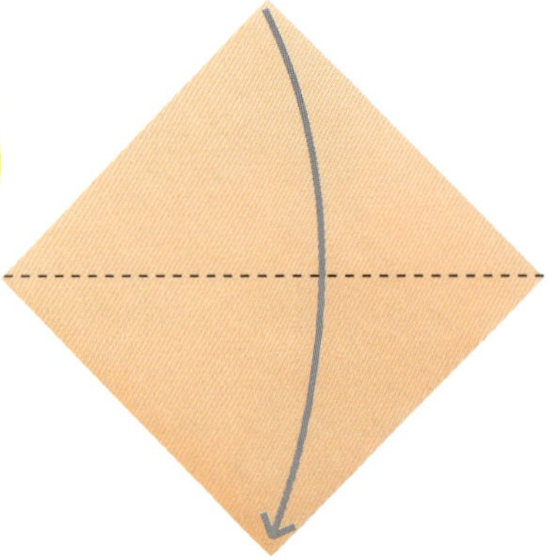

1 半分《はんぶん》におって

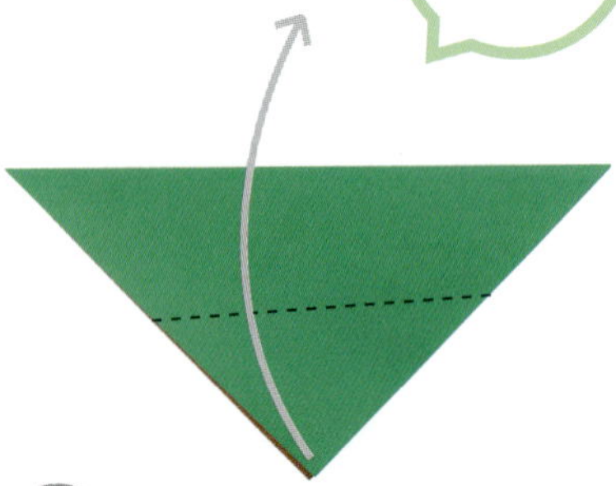

うらも同《おな》じ

2 1まいめくる

長《なが》いうしろ足《あし》でぴょんと
とびはねるよ

できた!

へんしんしよう！
その1

バッタ

grasshopper ［グラぁスハパ］

なかわりおり
すると…

長《なが》いくちばしで
はなのみつをすうよ

ハチドリに
へんしん！

ハチドリ

蜂鳥 hummingbird ［ハミングバ～ド］

もの知《し》り
クイズ

ハチドリは、はなのみつをすうとき、羽《はね》をどうしている？

①しまっている　②止《と》めている　③うごかしている

答《こた》え　③（空中《くうちゅう》に止《と》まるため、

へんしんしよう!
その2

ハチドリ

蜂鳥　hummingbird　[ハミングバ〜ド]

もう1回《かい》
なかわりおり
すると…

ペンギンに
へんしん!

とべないけれど
およぐのはとくいだよ

ペンギン

penguin　[ペングウィン]

かい 貝 shell ［シェる］

おってみよう！

1 おりすじをつけてうらがえし　**2** だんおりする

3 半分《はんぶん》におって　**4** ななめに引《ひ》っぱって　**5** 角《かど》をおる

できた！

2まいのかいがらが合《あ》わさっているよ

もの知《し》りクイズ

つぎのうち、かいの形《かたち》がちがうものはどれ？

①アサリ　②ハマグリ　③サザエ

答《こた》え　③

へんしんしよう！
その1

かい
貝 shell ［シェル］

よこにひらいて
うらがえすと…

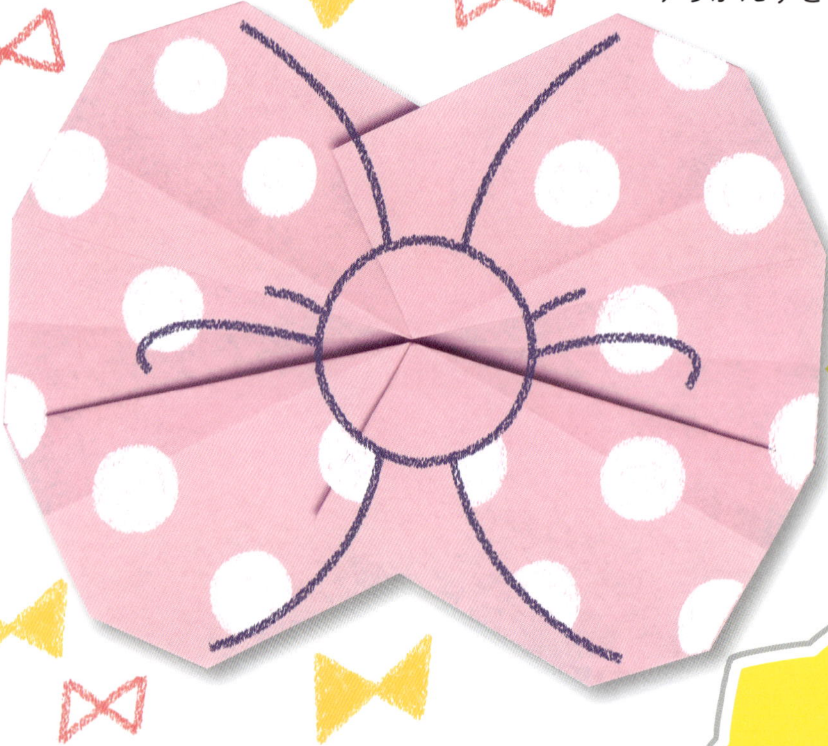

リボン
ribbon ［リボン］

すきなところに
つけてね

リボンに
へんしん！

れんぞくでへんしん！

へんしんしよう！ その2

リボン

ribbon ［リボン］

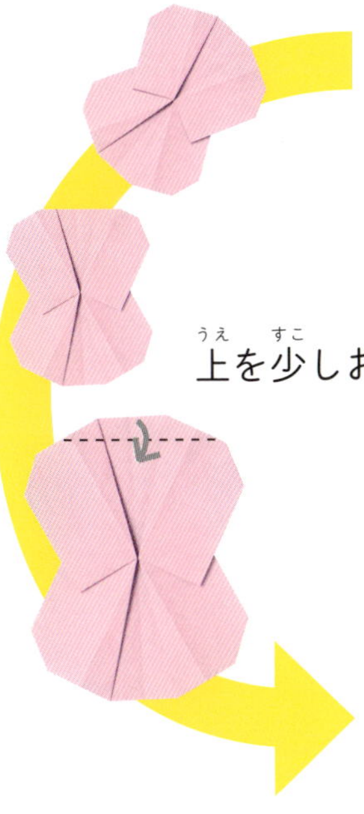

上《うえ》を少《すこ》しおると…

ワンピースにへんしん！

えりの色《いろ》がちがう
おしゃれなワンピースだよ

ワンピース

dress ［ドゥレス］

もの知《し》りクイズ

おくりものをリボンなどできれいにつつむことを何《なん》という？
①ジョギング　②ラッピング　③ランキング

答《こた》え ②

きつね

狐

fox

[ふァックス]

おってみよう!

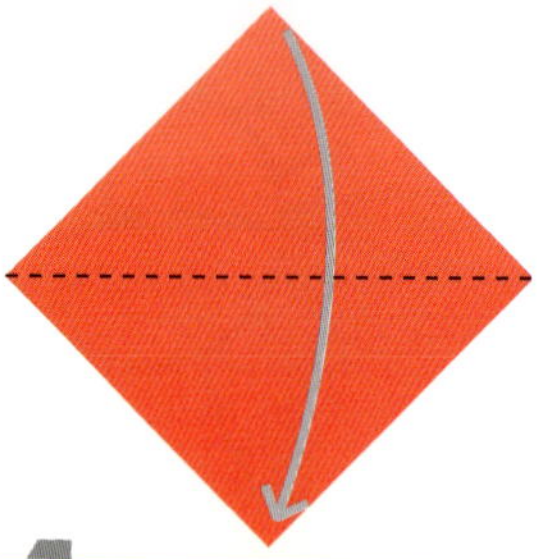

1 半分《はんぶん》におって

2 左右《さゆう》を合《あ》わせる

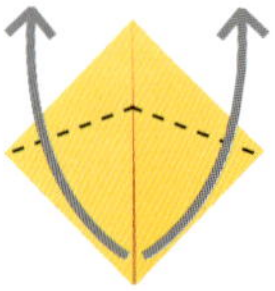

3 ななめにひらいて

4 角《かど》をおってうらがえす

できた!

三角形《さんかくけい》の大《おお》きな耳《みみ》が
とくちょうだよ

へんしんしよう!

その1

きつね

狐　fox　[ふァックス]

角《かど》をおると…

ねこにへんしん!

大きな目は
くらいところでもよく見えるよ

ねこ

猫　cat　[キぁット]

もの知《し》りクイズ

ねこが毛《け》をさかだてるのは、どんなとき?

①ねむたいとき　②おどろいている・おこっているとき　③あまえたいとき

答《こた》え ②

へんしんしよう！

その2

ねこ

猫　cat　[キぁット]

耳《みみ》をおると…

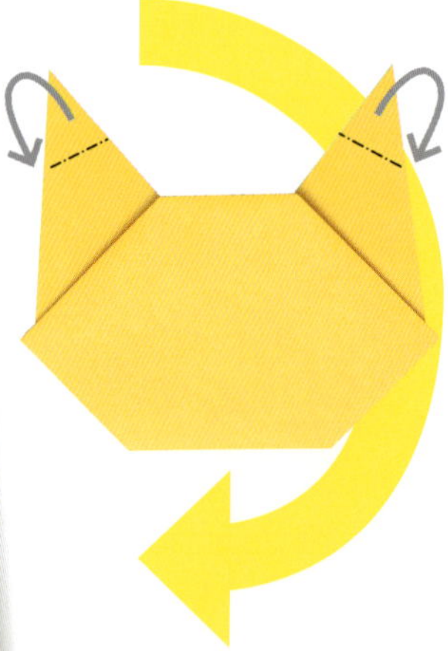

ちょこんと丸《まる》い耳《みみ》が
かわいいね

くまに
へんしん！

くま

熊　bear　[ベア]

ほかにも
おえかきで
へんしん！

パンダ
panda ［パぁンダ］

耳《みみ》と目《め》のまわりが
黒《くろ》いよ

口《くち》が大《おお》きく
ぱくっとひらくよ

かえる
蛙 frog ［ふラッグ］

もの知《し》りクイズ

かえるは鳴《な》くとき口《くち》をどうする？
①あける ②とがらせる ③とじる

答《こた》え ③とじる（のどがふくらんで鳴く）

ステッキキャンディー candy cane
［キぁンディ ケイン］

おってみよう!

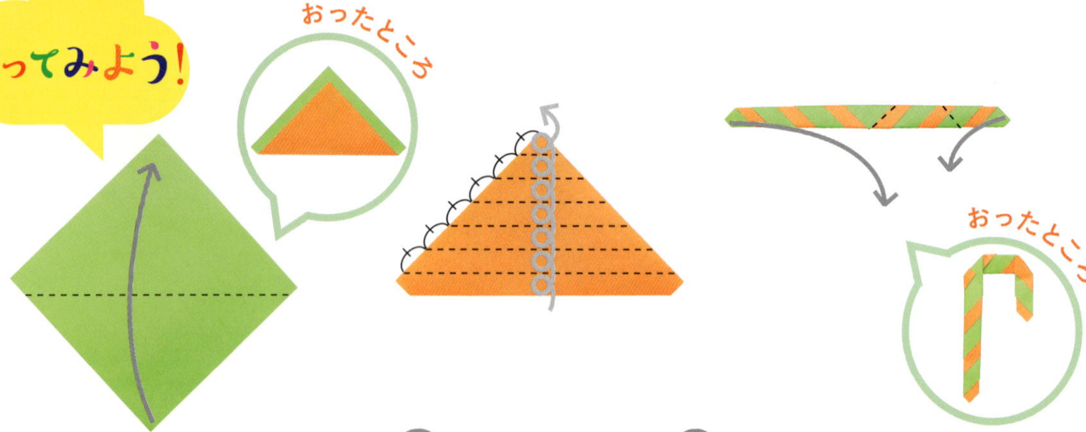

1 ずらしておってうらがえし 2 まきおりして 3 ななめにおってうらがえす

できた!

クリスマスにかざる
つえの形《かたち》のキャンディーだよ

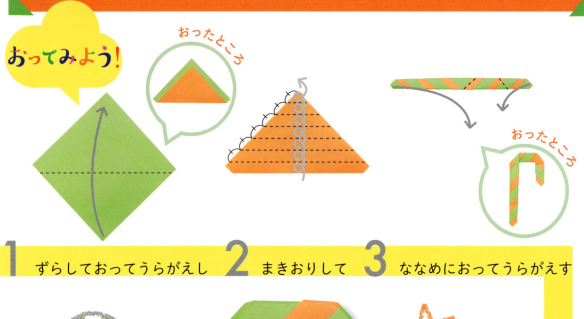

ステッキキャンディー

candy cane ［キャンディ ケイン］

へんしんしよう！

その1

おったところを
もどして
はんたいにおると…

へびに
へんしん！

細長《ほそなが》いからだをくねらせて
前《まえ》にすすむよ

へび

蛇 snake ［スネイク］

もの知《し》りクイズ

へびがからだをうずまきのようにまくことを何《なん》という？

①どくろ　②とぐろ　③とろろ

答《こた》え ②

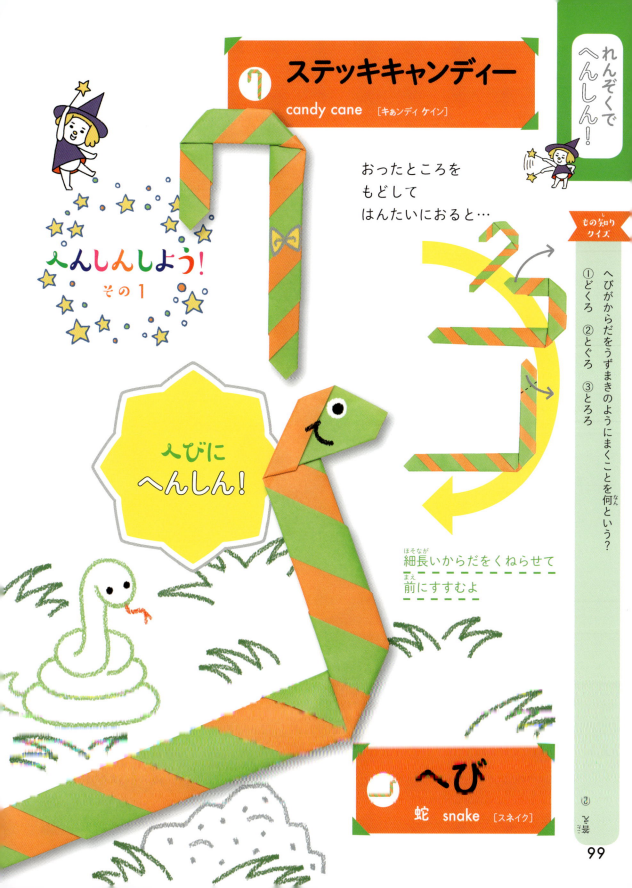

へんしんしよう!
その2

へび

蛇　snake　[スネイク]

おったところを
もどして

外《そと》がわから、
かたほうのはしを
はんたいのはしに
さしこむと…

ブレスレットに
へんしん!

ブレスレット

bracelet　[ブレイスれット]

きれいなしまもようの
ブレスレットだよ

にそうぶね

二艘舟

two boats

［トゥー ボウツ］

おってみよう!

1 おりすじを三角《さんかく》と 2 四角《しかく》につけてうらがえす

3 角《かど》を合《あ》わせてもどしてうらがえし 4 おりたたんで 5 半分《はんぶん》におる

2そうのふねが
かさなっているよ

できた!

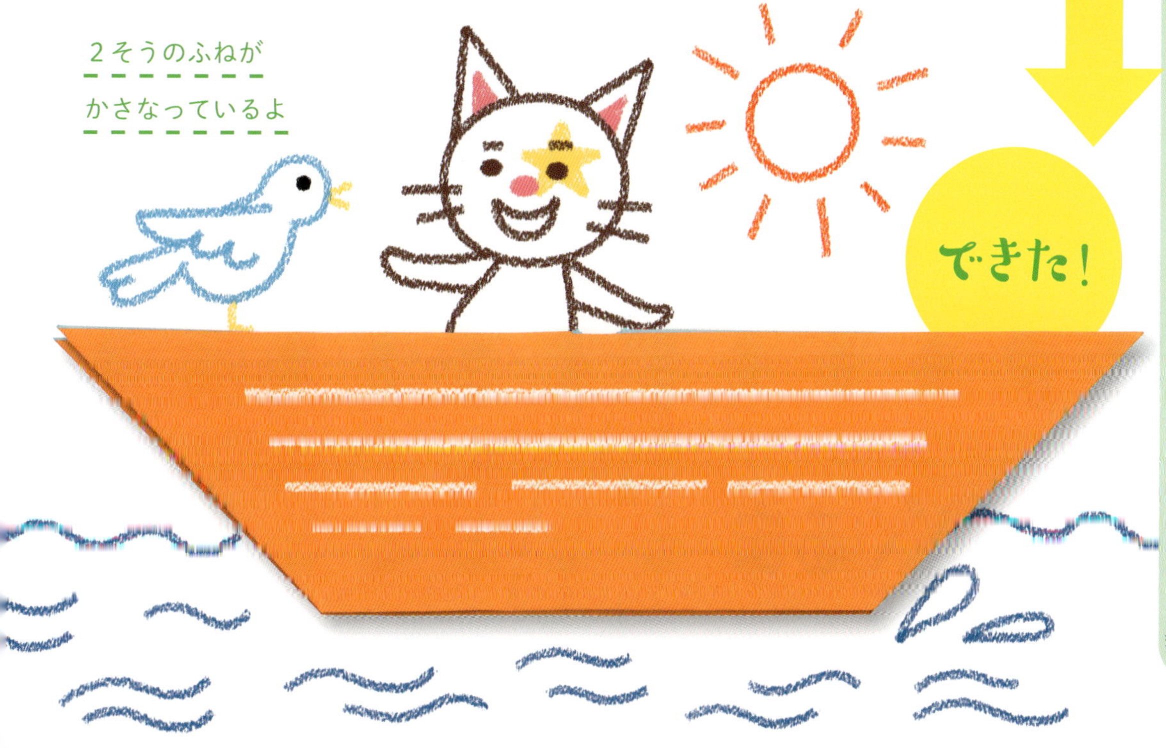

もの知《し》りクイズ

ふねの数《かぞ》えかたで、まちがっているものはどれ?

①そう ②せき ③こ

答《こた》え [illegible]

にそうぶね

二艘舟　two boats　［トゥー ボウツ］

へんしんしよう!

その1

おったところを
もどして
ななめにおると…

風《かぜ》でくるくる
まわるよ

かざぐるまに
へんしん!

かざぐるま

風車　pinwheel　［ピン(ホ)ウィーる］

かざぐるま

風車　pinwheel　［ピン(ホ)ウィーる］

へんしんしよう!
その2

おったところを
もどして
左右《さゆう》を合《あ》わせて
うらがえし、
ななめにおると…

ほかけぶねに
へんしん!

ほかけぶね

帆掛け船　sailboat　［セイるボウト］

風《かぜ》におされて
前《まえ》にすすむよ

もの知《し》りクイズ

つぎのうち、ほかけぶねのように風《かぜ》の力《ちから》ですすむのりものはどれ?

①ボート　②ヨット　③カヌー

答え ②

ダイヤモンド

diamond

[ダイアモンド]

おってみよう!

1 おりすじをつけて

2 角《かど》を合《あ》わせてうらがえし

3 角《かど》をおってうらがえす

きらきら光《ひか》る

ほうせきだよ

できた!

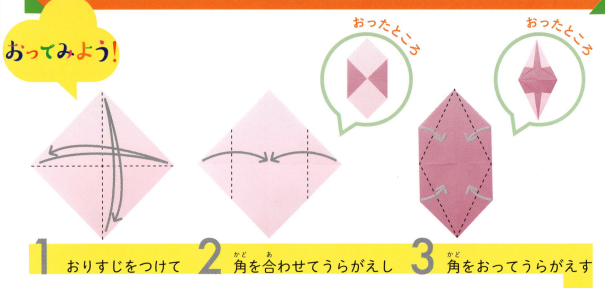

へんしんしよう！その1

3月《さんがつ》3日《みっか》のひなまつりに
かざるにんぎょうだよ

ダイヤモンド

diamond ［ダイアモンド］

上《じょう》下《げ》を
おると…

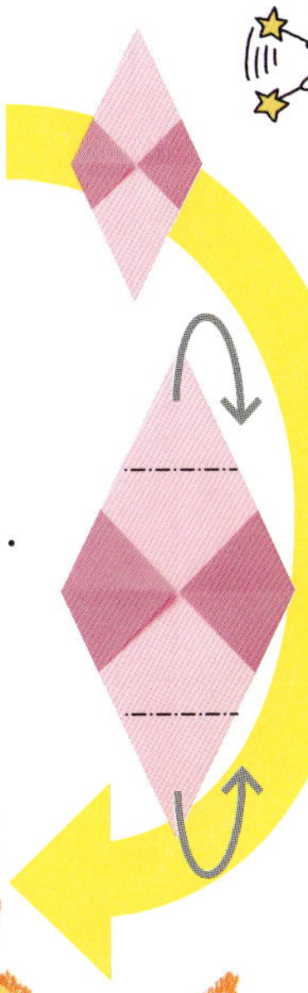

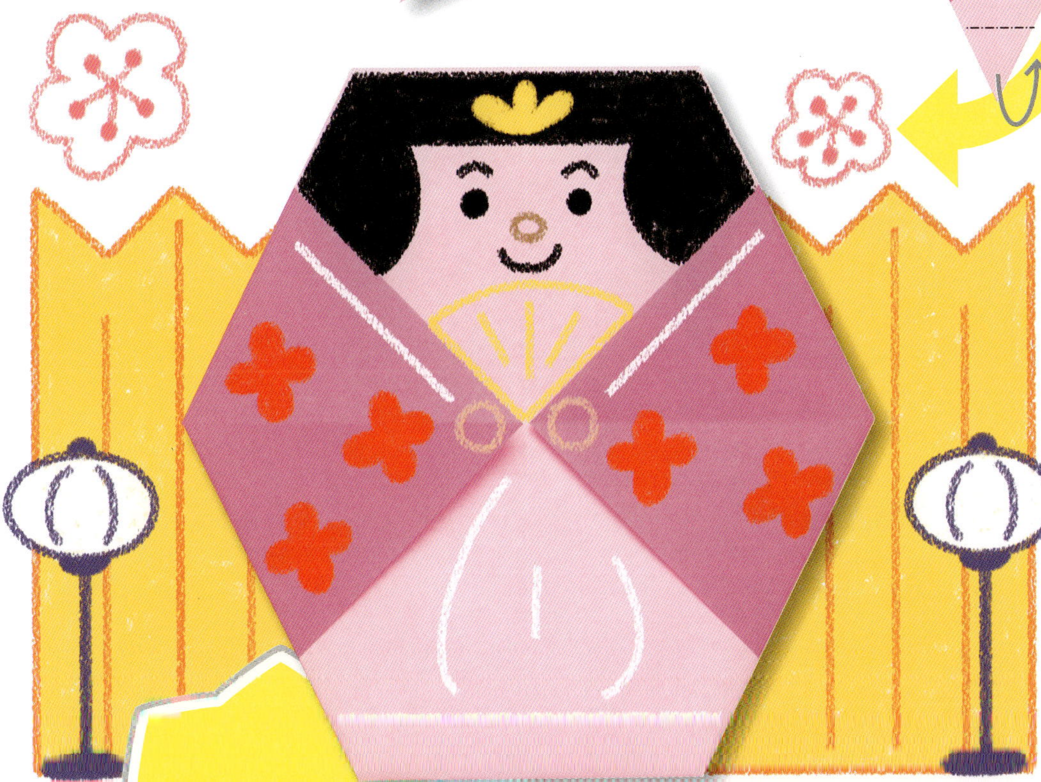

ひなにんぎょうに
へんしん！

ひなにんぎょう

雛人形 doll ［ダる］

もの知《し》りクイズ

ひなにんぎょうのまわりにかざるあかりを何《なん》という？

①ぼんぼん ②ぼんぼり ③どんぶり

答《こた》え ②

へんしんしよう!
その2

ひなにんぎょう

雛人形　doll　[ダる]

角《かど》をななめに
ひらくと…

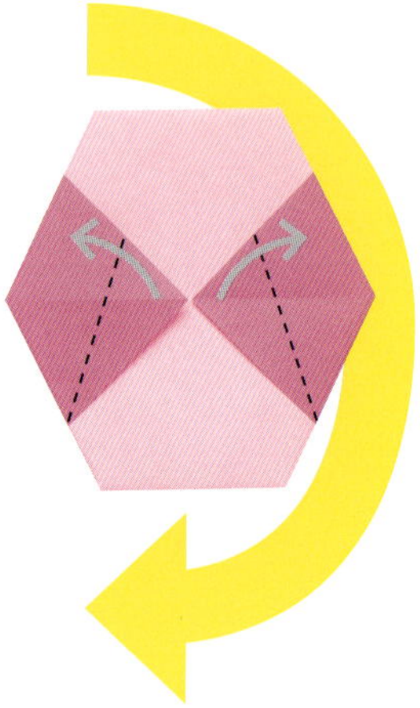

女《おんな》の子《こ》のかおをかいた
にんぎょうだよ

こけしに
へんしん!

こけし

kokeshi　[コケシ]

サンタクロース Santa Claus

［サぁンタ クろーズ］

れんぞくでへんしん！

おってみよう！

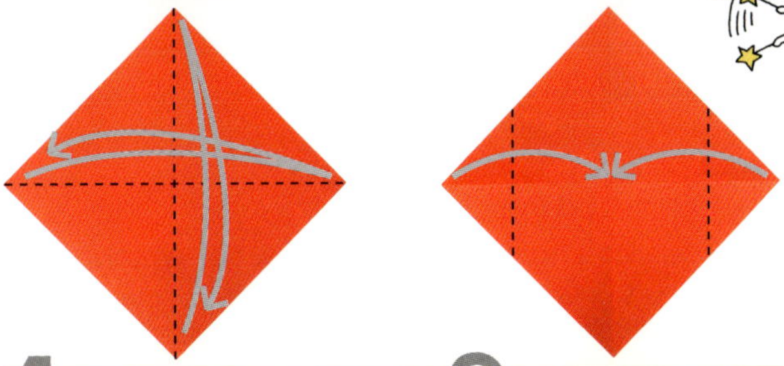

1 おりすじをつけて

2 角《かど》を合《あ》わせる

3 下《した》をおってうらがえし

4 ななめにおる

クリスマスにプレゼントをとどけるよ

できた！

もの知《し》りクイズ

こけしはふつう何《なに》でつくられる？

①木《き》 ②プラスチック ③紙《かみ》

答《こた》え ①

へんしんしよう！

その1

サンタクロース

Santa Claus ［サぁンタ クろーズ］

うらがえして
下《した》をおると…

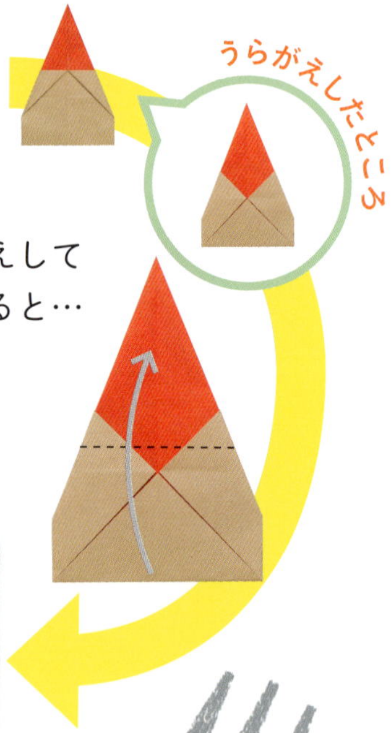

ショートケーキに へんしん！

ショートケーキ

shortcake ［ショートケイク］

まっかないちごが
おいしそうだね

へんしんしよう! その2

ショートケーキ

shortcake ［ショートケイク］

左右《さゆう》をおると…

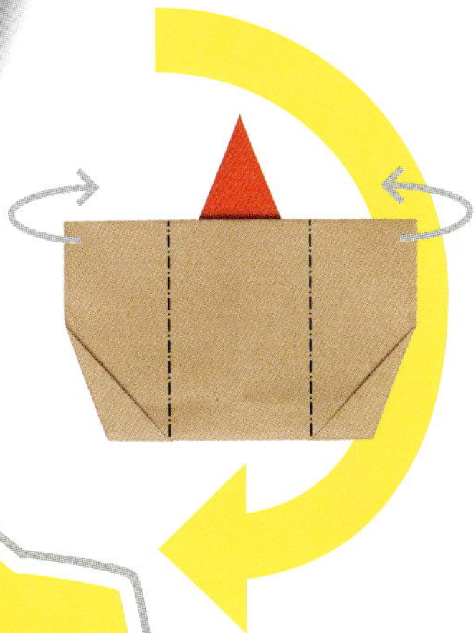

あたたかい光《ひかり》で
まわりをてらすよ

ろうそくに
へんしん!

ろうそく

蝋燭 candle ［キぁンドゥる］

もの知《し》りクイズ

ろうそくの火《ひ》をともすぶぶんを何《なん》という?

①しん ②ろう ③せんこう

答《こた》え ①

おりがみで
算数《さんすう》トレーニング！

図形《ずけい》のへんしん③

正方形《せいほうけい》からべつの形《かたち》の
四角形《しかくけい》をれんぞくでおってみよう！

へんしんしよう！その1
おったところ

正方形《せいほうけい》

1 おりすじをつけてむきをかえ

2 角《かど》を合《あ》わせて

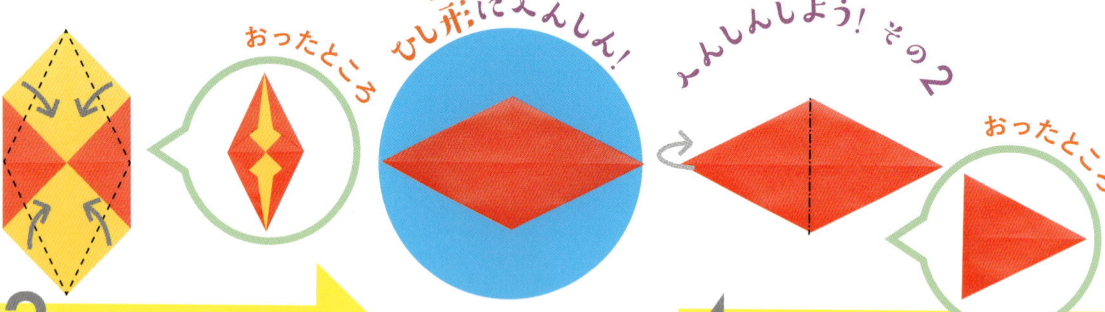

おったところ
ひし形《がた》にへんしん！
へんしんしよう！その2
おったところ

3 角《かど》をおってうらがえす

ひし形《がた》

4 半分《はんぶん》におってむきをかえ

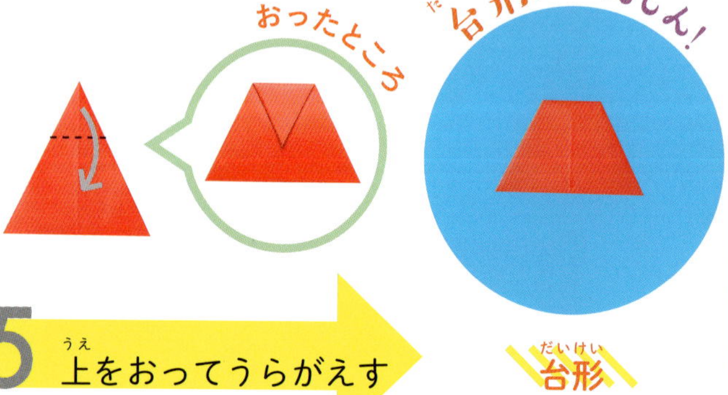

おったところ
台形《だいけい》にへんしん！

5 上《うえ》をおってうらがえす

台形《だいけい》

同《おな》じ四角形《しかくけい》でもここがちがう！

ひし形《がた》

4本《ほん》の線《せん》の長《なが》さがすべて同《おな》じで角《かど》が直角《ちょっかく》ではない四角形《しかくけい》。

台形《だいけい》

むかい合《あ》う2本《ほん》の線《せん》が平行《へいこう》（どこまでのばしてもまじわらない）な四角形《しかくけい》。

同《おな》じ作品《さくひん》をいくつかつくって
がったいさせると、
べつの作品《さくひん》に
へんしんするよ！

同《おな》じ作品《さくひん》をあつめてべつの作品《さくひん》！

がったいで へんしん！

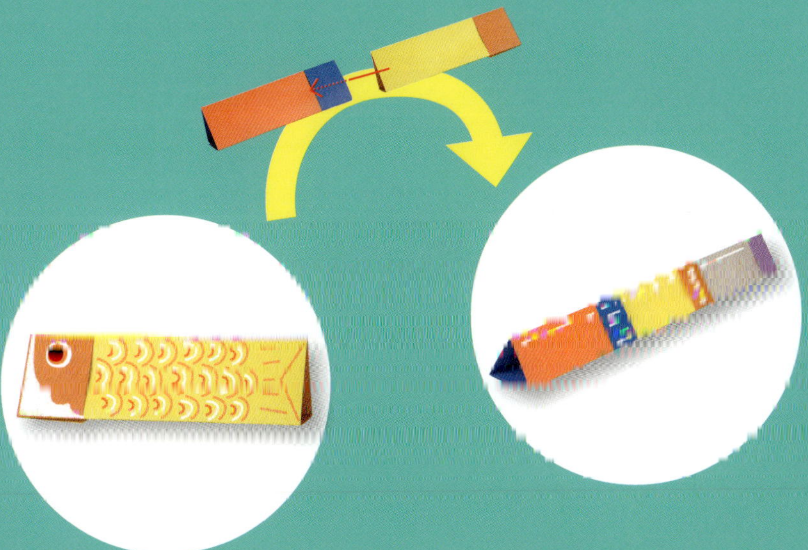

テント tent

［テント］

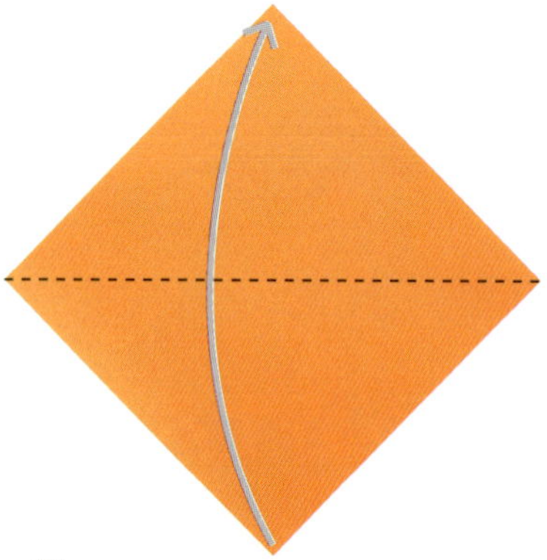

1 半分《はんぶん》におる

キャンプで外《そと》にとまるときに
組《く》み立《た》ててつかうよ

へんしんしよう!

3つつくろう!

2つをさしこんで
もう1つを下《した》に
かさねると…

ほしに
へんしん!

ほし

星　star　[スター]

夜空《よぞら》にきらきら
かがやくよ

もの知《し》り クイズ

夜空《よぞら》のほしの色《いろ》がちがって見《み》えるのは、それぞれほしの何《なに》がちがうから?

①形《かたち》　②おんど　③ちきゅうからのきょり

答《こた》え ②

ハート heart

［ハート］

おってみよう!

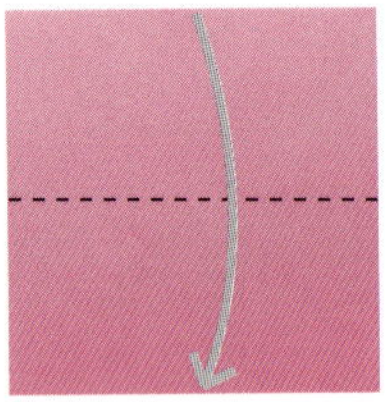

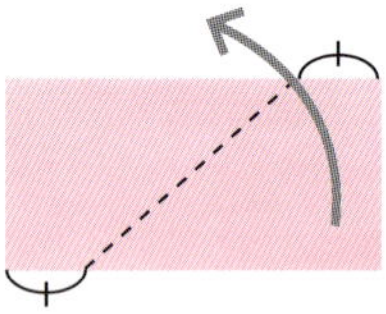

1 半分《はんぶん》におって
2 ななめにおってむきをかえる

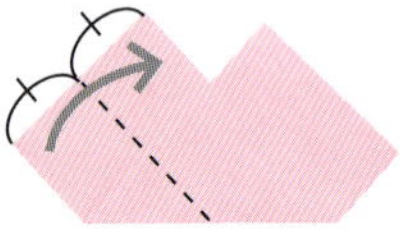

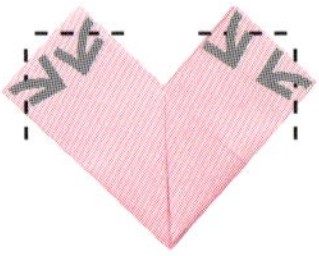

3 左《ひだり》を半分《はんぶん》におって
4 右《みぎ》もおって
5 角《かど》をおってうらがえす

できた!

メッセージをかいて
プレゼントしてもいいね

へんしんしよう！

4つつくろう！

4つならべると…

クローバーに へんしん！

クローバー

clover 「クろウヴァ」

4つばのクローバーは
こうううんのしるしだよ

もの知《し》りクイズ

クローバーのべつの名前《なまえ》は？
①レンゲソウ ②シロツメクサ ③タンポポ

答《こた》え ②

こいのぼり

鯉のぼり
carp streamer
［カープ ストゥリーマ］

おってみよう!

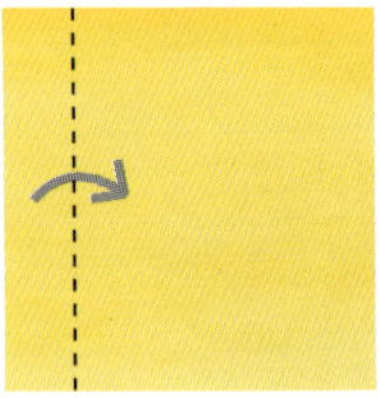

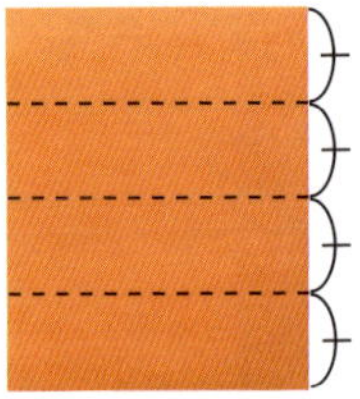

1 左《ひだり》を少《すこ》しおってうらがえし

2 おりすじをつける

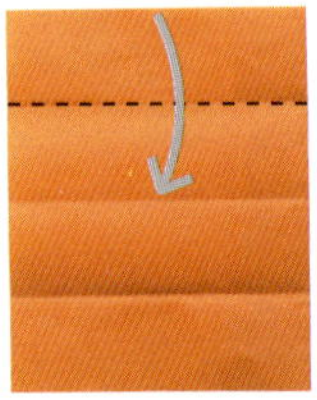

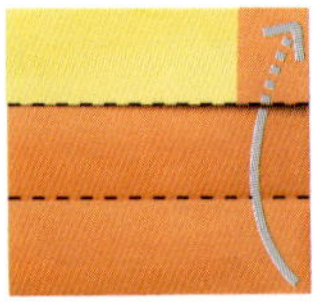

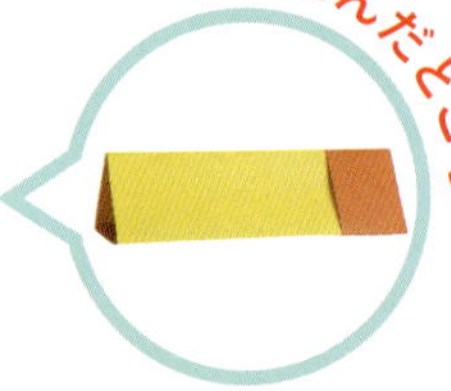

3 上《うえ》をおって

4 下《した》をさしこんで三角形《さんかくけい》にする

5月5日《ごがついつか》のこどもの日《ひ》に
かざられるよ

できた!

へんしんしよう！

3つつくろう！

かたほうのはしを
はんたいのはしに
さしこんで
3つつなげると…

ぼうえんきょうに
へんしん！

ぼうえんきょう

望遠鏡　telescope　[テれスコウプ]

うちゅうのほしを
かんそくするよ

もの知《し》りクイズ

こいのぼりで、ふつういちばん上《うえ》にかざられる大《おお》きな黒《くろ》いこいを何《なん》という？
①まごい　②ひごい　③子《こ》ごい

くらげ

海月
jellyfish
［ヂェリふィッシ］

おってみよう!

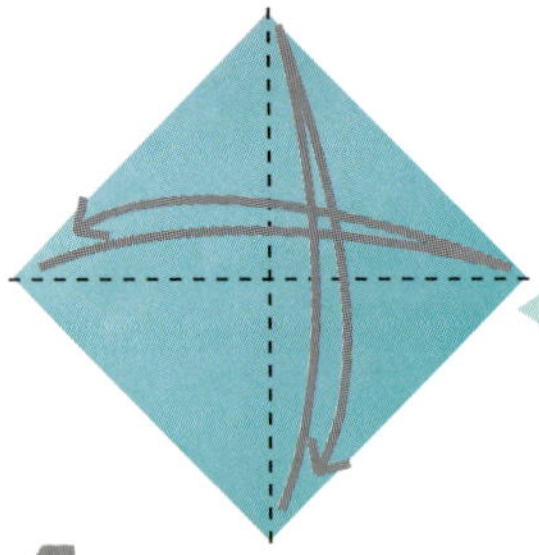

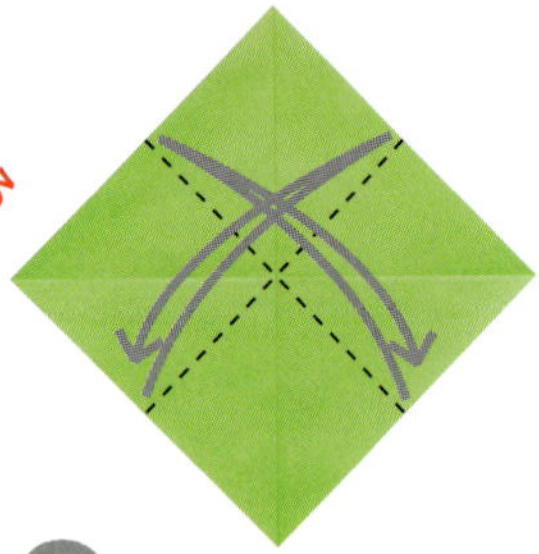

1 おりすじをつけてうらがえし
2 おってもどす

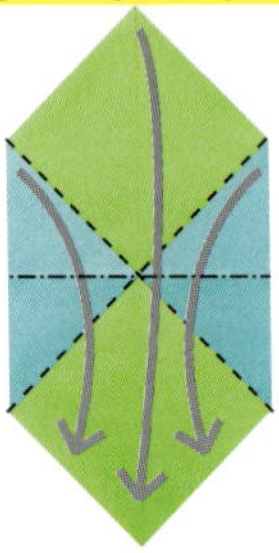

うらも
同《おな》じ

3 角《かど》を合《あ》わせて
4 おりたたみ
5 右《みぎ》に1まいめくる

できた!

水《みず》のなかをゆらゆら
ういてただようよ

2つつくろう!

4までおる

2つを
さしこむと…

ふきごまに
へんしん!

りょう手《て》のひらの
まんなかではさんで
いきをふくとまわるよ

ふきごま

吹き独楽　spinning top　[スピニング タップ]

もの知《し》り
クイズ

くらげのぶきは何《なに》?
①どくのはり　②かたいから　③するどいは

答《こた》え ①

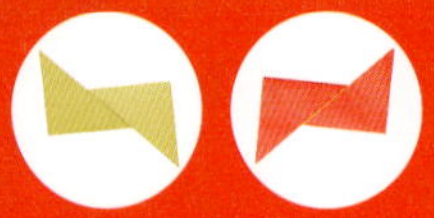

あめ

飴

candy

[キぁンディ]

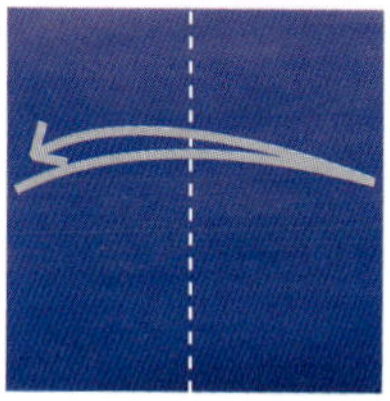

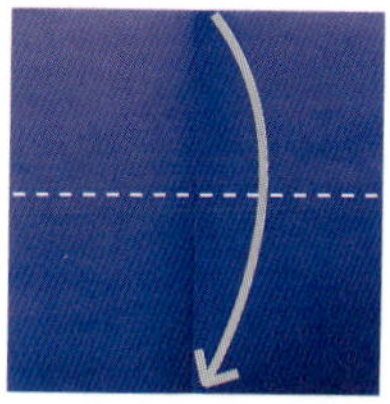

1 おりすじをつけて

2 半分《はんぶん》に1回《かい》

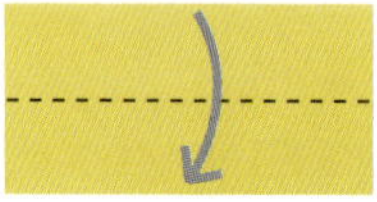

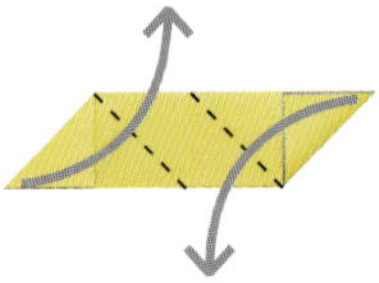

3 2回《かい》おる

4 ななめに1回《かい》

5 2回《かい》おる

できた!

小《ちい》さくてあまい
おかしだよ

おってみよう!

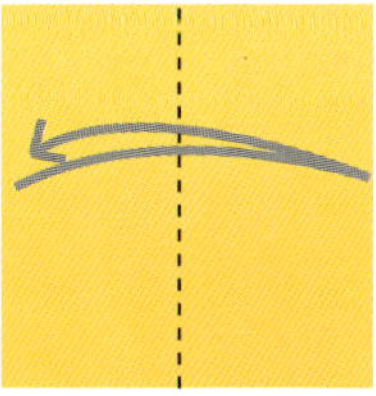

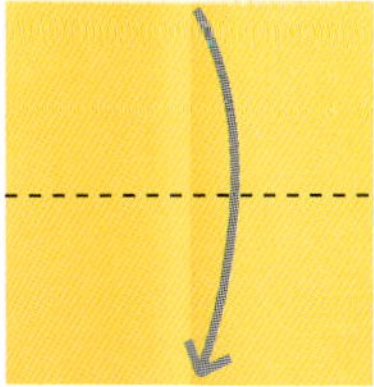

1 おりすじをつけて

2 半分《はんぶん》に1回《かい》

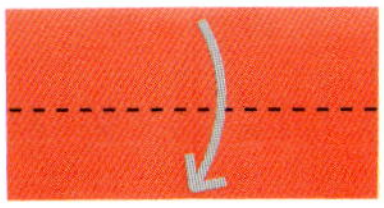

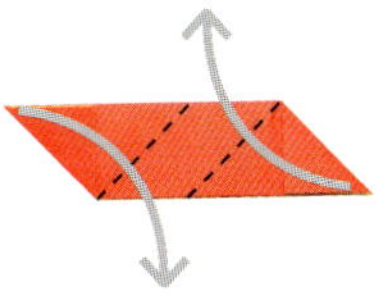

3 2回《かい》おる

4 ななめに1回《かい》

5 2回《かい》おる

できた!

かわいいつつみ紙《がみ》に
くるまれているよ

もの知《し》りクイズ

きってもずっと同《おな》じかおが出《で》てくるあめを何《なん》という？

①ももたろうあめ　②きんたろうあめ　③力《ちから》たろうあめ

答《こた》え ②

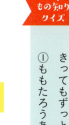

へんしんしよう!

2つつくろう!

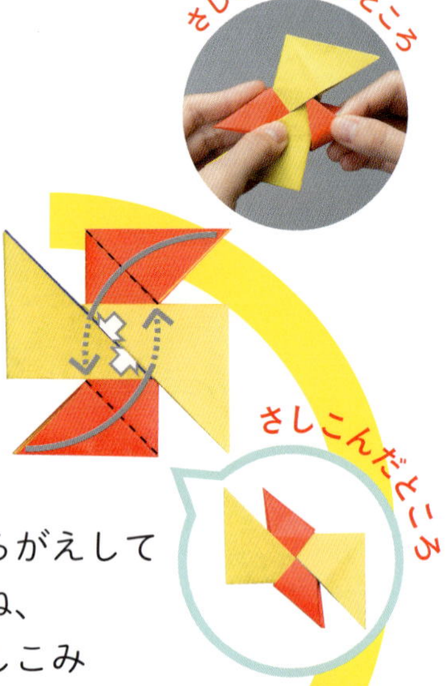

1つをうらがえして
2つかさね、
1つをさしこみ

うらがえして
もう1つを
さしこむと…

しゅりけんに
へんしん!

しゅりけん

手裏剣　throwing knife　［すロウイング ナイふ］

なげてつかう
にんじゃのぶきだよ

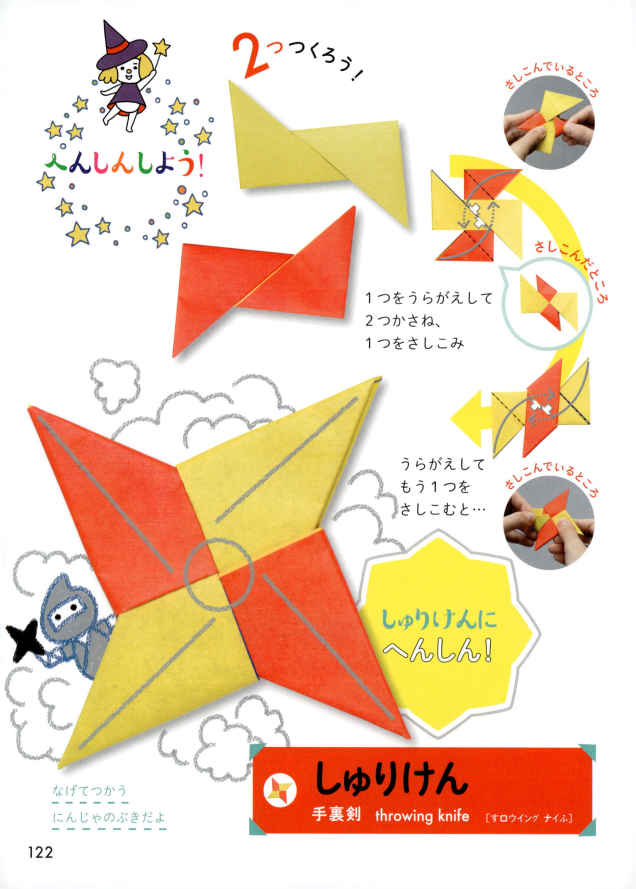

ラッコ sea otter

［スィー アタ］

おってみよう!

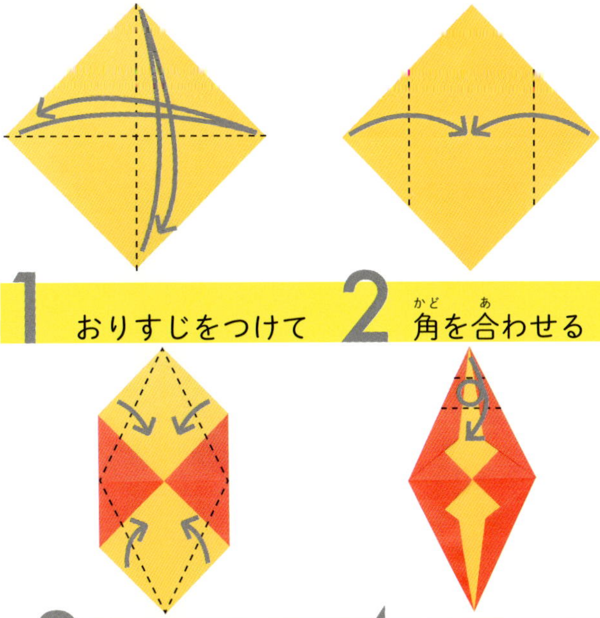

1 おりすじをつけて

2 角《かど》を合《あ》わせる

3 角《かど》をおって

4 まきおりする

できた!

海《うみ》の上《うえ》にぷかぷか
うかぶよ

もの知《し》りクイズ

おかあさんラッコは、赤《あか》ちゃんをどこにのせておせわをする?

①せなか ②おなか ③頭《あたま》

答《こた》え ②

へんしんしよう!

6つつくろう!

くらいの高《たか》い人《ひと》がつける
りっぱなかぶりものだよ

かんむり

冠　crown　[クラウン]

さしこんでいるところ

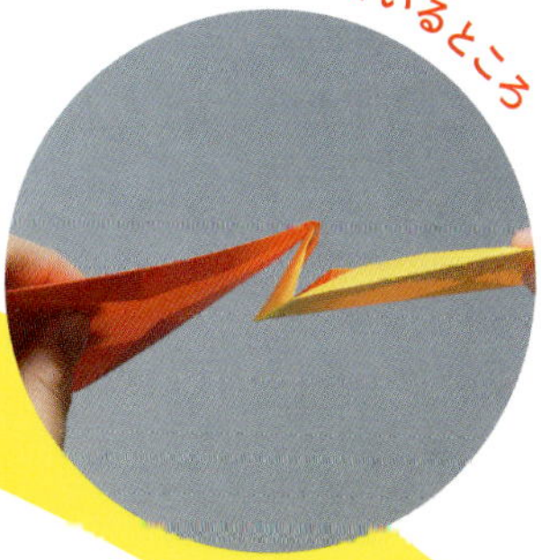

角《かど》をおって、かたほうのはしを
はんたいのはしに
さしこんでテープでとめ

テープでとめたところ

６つつなげてうらがえし、
こうごにおりたたんで
わにすると…

わにしているところ

もの知《し》りクイズ

かんむりのうち、王《おう》さまがかぶるものを何《なん》という？
①えいかん　②おうかん　②ようかん

答《こた》え　②

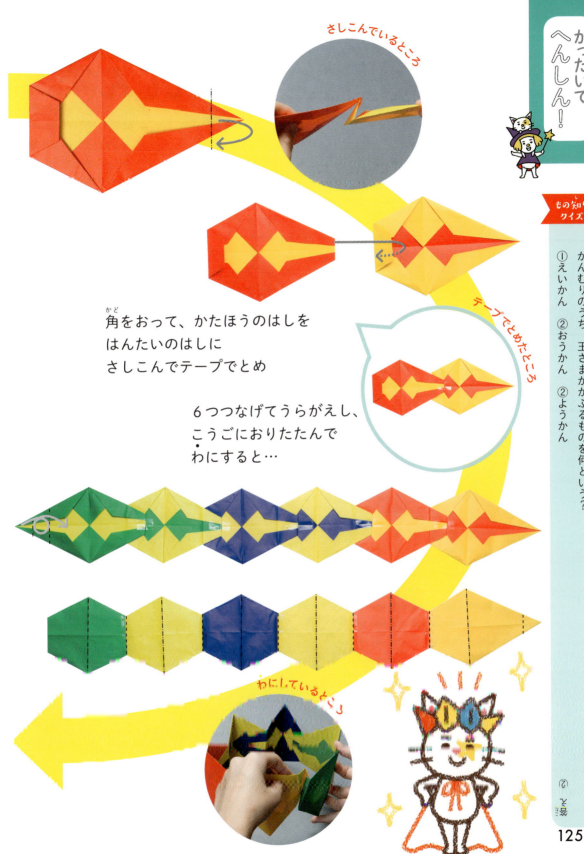

おりがみで
算数《さんすう》トレーニング！

図形《ずけい》のへんしん④

三角形《さんかくけい》とひし形《がた》から、それぞれ
多角形《たかくけい》をおってみよう！

へんしんしよう！

38ページの
直角二等辺《ちょっかくにとうへん》
三角形《さんかくけい》をおる

三角形《さんかくけい》

1 おりすじをつけて

2 右《みぎ》をおって

3 左《ひだり》をおってうらがえす

おったところ

五角形《ごかくけい》にへんしん！

五角形《ごかくけい》

へんしんしよう！

110ページの
ひし形《がた》を
おる

ひし形《がた》

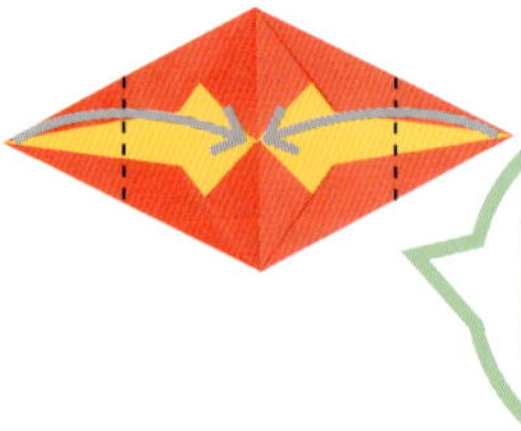

うらがえして
角《かど》を合《あ》わせてうらがえす

おったところ

六角形《ろっかくけい》にへんしん！

六角形《ろっかくけい》

同《おな》じ多角形《たかくけい》でもここがちがう！＊

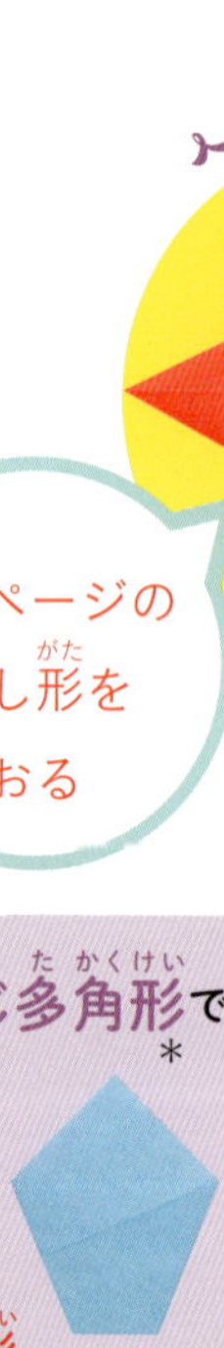

五角形《ごかくけい》

5本《ほん》の線《せん》で
かこまれて
できた多角形《たかくけい》。

六角形《ろっかくけい》

6本《ぼん》の線《せん》で
かこまれて
できた多角形《たかくけい》。

＊3本《ぼん》いじょうのまっすぐな線《せん》でかこまれた形《かたち》を「多角形《たかくけい》」といい、三角形《さんかくけい》や四角形《しかくけい》もふくまれます。

図形《ずけい》クイズ

作品《さくひん》のなかから、図形《ずけい》をさがしてみよう！
それぞれ何《なん》という形《かたち》かわかるかな？

こびと

バッグ

ダイヤモンド

コースター

テント

こけし

どんぐり

かお

コップ

こたえ！こびと→二等辺三角形《にとうへんさんかくけい》、バッグ→五角形《ごかくけい》、ダイヤモンド→ひし形《かた》
コースター→正方形《せいほうけい》、テント→直角《ちょっかく》二等辺三角形《にとうへんさんかくけい》、こけし→六角形《ろっかくけい》
どんぐり→五角形《ごかくけい》、かお→六角形《ろっかくけい》、コップ→台形《だいけい》

監修　**小林一夫**（こばやし かずお）

1941年東京都生まれ。お茶の水 おりがみ会館 館長。1858年創業の染紙の老舗「ゆしまの小林」会長。内閣府認証NPO法人国際おりがみ協会理事長。折り紙の展示や教室の開催、講演などを行い、和紙文化の普及と継承に力を注いでいる。その活動場所は日本のみならず世界各国に及び、日本文化の紹介、国際交流にも努めている。『動画でかんたん！ 福を呼ぶおりがみ』、『動画でかんたん！ 花と蝶のおりがみ』（ともに朝日新聞出版）など、著書多数。

お茶の水 おりがみ会館
〒113-0034　東京都文京区湯島１-７-14
電話 03-3811-4025（代）　FAX 03-3815-3348
ホームページ http://www.origamikaikan.co.jp

作品原案	渡部浩美（P44, 50, 51, 65, 70, 104, 105, 106, 114, 123） 中島進（P74, 75）
作品アレンジ	湯浅信江（P66, 67, 71, 82）
イラスト	細田すみか
カバー・本文デザイン	三上祥子（Vaa）
撮影	朝日新聞出版写真部　大野洋介
制作協力・作品制作	渡部浩美
おりがみ校正	渡部浩美
見本作品制作	田中真理
クイズ原稿	菊池麻祐
校正	くすのき舎
編集協力	株式会社童夢
企画・編集	朝日新聞出版　鈴木晴奈

5回おったら完成！
へんしんおりがみ

監修	小林一夫
発行者	今田俊
発行所	朝日新聞出版 〒104-8011　東京都中央区築地５-３-２ 電話　03-5541-8996（編集） 03-5540-7793（販売）
印刷所	中央精版印刷株式会社

Published in Japan by Asahi Shimbun Publications Inc.
ISBN 978-4-02-333141-9